TOKYO INTERNATIONAL UNIVERSITY FOOTBALL CLUB

東京国際大学式

『勝利』と『幸福』を求めるチーム強化論

東京国際大学サッカー部監督
前田秀樹

竹書房

まえがき

ワールドカップカタール2022での日本代表の活躍は記憶に新しいことでしょう。グループリーグでドイツ代表とスペイン代表に勝利して、2大会連続で決勝トーナメントに進出を果たしました。ベスト16でクロアチア代表にPK負けを喫してしまいましたが、それでも、日本サッカーの進歩を十分感じさせてくれました。

カタールの地で奮闘した日本代表について、あることが注目されました。それは大学卒業または大学出身選手が多かったことです。三笘薫選手（筑波大学）や伊東純也選手（神奈川大学）など登録メンバーのうちの9名が大学サッカー経験者だったのです。1998年フランスワールドカップ以来の多さだったそうです。

Jリーグ発足以来、Jリーグクラブはアカデミーの強化に力を入れ、多くの優秀な人材を輩出してきました。それまで日本代表は大卒選手の方が多かったのですが、プロ化以降は高校・ユース出身者が大半を占めるようになっていきました。しかし、ここ数年、大学サッカー経験者が日本代表に選ばれるだけでなく、海外でプレーする機会も増えているのです。それは日本サッカーの新たな流れと言えるでしょう。

高校やユースを出てJリーグクラブに加入しても、数年は出場機会に恵まれず、成長するための大事な時期で試合経験を積めないケースが多いのです。現在、日本サッカー界の課題と言われる「19〜21歳問題」です。若くて伸びしろの大きいその年代でいかに試合経験を積ませるかが日本サッカーのレベル向上のカギを握っていると言われています。

そこでクローズアップされているのが大学サッカーなのです。明治大学や筑波大学といった名門大学が素晴らしい指導でこれまでにたくさんの選手を輩出していますが、全国の大学のレベルも上がっており、関西はもちろんのこと、東北、東海、九州などからも毎年優秀な選手が出てきています。昨年度のインカレでは新潟医療福祉大学が決勝に進出したように、全国的に力の差がなくなり、切磋琢磨しながら、レベルアップしているのです。

関東でも新たな動きが生まれています。それは我々東京国際大学のような新興チームが台頭していることです。我々のようなチームが大学サッカーに新たな風を吹かせることによって、より大学サッカーのレベルが上がり、さらには、日本サッカーのレベル向上につながると信じて、2008年に監督に就任してから指導を続けてきました。

ヨーロッパや南米では、大学から選手が輩出されるということはありません。日本ならではの育成機関と言えるでしょう。だからこそ、今後の日本サッカーを支える存在になると私は考えています。ここからどんな選手を育てていくか。大学サッカーは、日本サッカーが世界の頂点に立つための大きな役割を担っているのです。

ただ、「強化」だけに目を取られてはいけないと思っています。もちろん、日本一を目指していますし、多くのプロ選手を輩出したいです。何より一番の目標は日本代表選手を育てることです。とはいえ、大事なことはそれだけではありません。サッカーファミリーを増やすことも我々指導者の使命だと感じています。

現役時代、私は日本代表のキャプテンを務め、65試合に出場しました。様々な国で試合を行いましたが、サッカーを取り巻く環境が日本とは大きな差があると感じました。最も驚いたのは、海外の老若男女がサッカーを楽しんでいる光景でした。日本ではエリートしかサッカーやスポーツを続けられない環境でしたが、海外では誰もがスポーツを楽しんでいたのです。そこに世界との〝違い〟を感じました。

私は高校生まで全国大会に出たことはありませんでしたし、大学時代も2

年生まで試合に出られず、雑用係をさせられていました。わずかなチャンスをきっかけに花が開いて、人生が変わったのです。そういう意味で私は苦労した選手と言えるでしょう。プレーできないつらさや悔しさを知っているのです。だからこそ、そんな思いを子供たちにさせてはいけないと強く思っています。能力の差に関係なく、いかに多くの子供たちに試合を経験させて、そして、サッカーを楽しいと思ってもらえるか。それが指導者の仕事だと考えて取り組んできました。子供たちは応援をするためにサッカーをしているのではありません。スポーツはスポーツをすることでしか、成長できないのです。

少子化が進む中でサッカー人口を増やしていけるか。日本サッカーがこれから直面する、とても大きな問題です。サッカーを通して、多くの人を幸せにする。そして、サッカーファミリーを増やしていくことが、日本が世界の頂点に立つために必要なことだと思っています。それが唯一の方法だと考えています。

だからこそ、東京国際大学サッカー部は誰もが入部できるようにしています。毎年100人以上の部員が入部し、現在部員数は400人を超えています。全員がプロを目指しているわけではありません。高校時代、レギュラーではなかった選手も多いです。それでも、全員が毎週末公式戦に出場して、サッカーを楽しむ環境を東京国際大学では作っています。一人でも多くのサッカーファミリーを作り、日本のサッカー文化を豊かにしていきたいからです。その思いを胸に15年間監督を務めてきました。

本著では約60年のサッカー人生を振り返りつつ、東京国際大学での指導や組織作りについて記させていただきました。テーマは「勝利」と「幸福」。相反するような印象のあるその言葉が、実は密接につながり合っているということを多くの方に理解していただければ幸いです。そして、その考えが、さらに広く浸透していくことになれば、それ以上に嬉しいことはありません。

より強く、より豊かに、日本サッカーが進化していくことを心より願っています。

LIXIL

第3章

東京国際大学監督就任 47

第4章

リアクションからアクションへ 59

構成……………佐藤拓也
写真……………アフロ
アフロスポーツ
山田真一／アフロ
川窪隆一／アフロスポーツ
松尾／アフロスポーツ
YUTAKA ／アフロスポーツ
写真提供………東京国際大学サッカー部
前田秀樹
佐藤拓也
装幀・本文組版……布村英明
編集……………柴田洋史（竹書房）

第1章

日本代表キャプテンを務めて

遊びながら学んだサッカー

私は1954年に京都府の太秦で生まれました。時代劇の撮影場所で有名なので、きっとご存じの方も多いでしょう。ちなみに、元日本代表FWで日本サッカー界のレジェンド・釜本邦茂さんも同じ地域出身なんです。

当時、サッカーはマイナースポーツで、ほとんどの子どもたちは野球をやっていました。でも、当時の日本はまだ経済的に豊かではなく、裕福ではない家庭も多かった。だから、私の住んでいた地域では町内の子どもたちが集まって、ボール一つあればできる、サッカーをいつもやっていました。野球のように道具を揃えなくても、ボールさえがあれば、みんなで遊べるので盛んだったのです。

加えて、小学校3年生の時の担任の先生がサッカーの京都府国体の選手だったこともきっかけとなりました。休み時間に先生がパントキックを上に蹴り上げた時、すごく高く飛んだのに驚いたのを覚えています。『すげえな!』と目を丸くして見ていました。

そこから、自分の中でサッカーの熱が高まって、とにかく夢中になりました。放課後、晩ご飯までやることがなかったので、みんなで暗くなるまでサッカーをして遊んでいました。誰かに教えてもらうわけでもなく、遊びながら学んでいきました。ある意味、ストリートサッカーですよね。それがサッカーを始めたきっかけです。

小学生の時はどこかのチームに属していたわけではないので、大会に出場したことはありませんでした。中学校に進学してサッカー部に入りましたが、そこで直面したのが部活動の悪い習慣でした。1年生は大声を出して応援することとボール拾いしかやらせてもらえませんでした。サッカー部なのにボールもまともに蹴らせてもらえず、『こんなことをやってうまくなるかよ』とずっと思っていたのを今でも覚えています。あれだけ夢中になって、楽しかったサッカーが面白く感じなくなってしまいました。

1年生の時、サッカー部が全国大会に出場しました。その時、クラスメイトの仲間が大会メンバーに選ばれたんです。同じ1年生なのに、自分は選ばれず、大会にも行けなくて、それがすごく悔しかった。大会前の朝礼で全国大会に出場するサッカー部の選手たちが呼ばれて前に出たんですけど、私はサッカー部に入っているのに呼ばれなかった。恥ずかしい気持ちもありました。だからこそ、次の大会に出場するという思いでとにかく練習に打ち込みました。それ以降、レギュラーに定着することができました。

高校は京都商業に進学しました。京都商業は当時、京都府内でサッカーの強豪校として有名でした。1年生からレギュラーとして試合には出場していたんですが、またしても、部活動の悪い一面を体験してしまうこととなりました。先輩からの対応がひどくて、たいした理由もなく正座をさせられて怒られていましたし、理不尽なしごきのような仕打ちも受けたりもしました。中学の時とは異なり、サッカーはできていたんですけど、とにかく、つらい日々でした。日本スポーツの暗部を経験しましたね。でも、その時に心の支えになってくれたのは太秦小学校時代からお世話になっている横谷さんという先輩でした。練習後に一緒に走ったり、トレーニングしたりしていました。よく『全国大会に出たい』という話をしていたのですが、結局、京都府大会決勝戦で負けてしまって出られませんでした。その時も本当に悔しかった。

まともにサッカーができなかった日々

高校卒業後、法政大学に進学しました。毎年10人程度しかサッカー部には入部できないのですが、私の場合は高校時代に実績を残せてはいなかったものの、先に法政大学に進学していた先輩の横谷さんの推薦もあって入部することができたんです。同級生には全国高校サッカー選手権大会で優勝した選手もいましたし、他にもテレビで見たことのあるようなすごい選手ばかりでした。私は全国大会にも出たことのない無名の選手です。入部した時はボールすら蹴らせてもらえませんでした。練習に出ずに先輩たちの授業に出て代返を頼まれることなんてよくありましたね（苦笑）。

毎日、選手寮で朝食を作るのも私の仕事でしたし、夜は先輩のマッサージもさせられていました。しかも、「おつき」もありました。「おつき」というのは、洗面道具を持って、先輩と一緒にお風呂に行って、背中を流すんです。下級生がそんなことをやらされるのが当たり前の時代でした。同級生でも鳴り物入りで入部した有名な選手はそういうことをやらされないのですが、無名の自分はマネージャーと同じような扱いを受けていました。とにかく、こき使われましたね。しかも、練習をさせてもらえない。それが悔しくて。同じ扱いを受けていた同級生がもう1人いたので、2人で部の練習後に街灯の明かりを頼りに自主練習をすることもありました。

サッカーをうまくなりたいために大学に入学したのに、まともにサッカーをさせてもらえず、雑用ばかりさせられる日々にだんだんと嫌気がさしていました。

そしてお盆に実家に帰った際、両親に『もうサッカー部をやめる』と打ち明けました。もちろん、やめたくなんてなかったですよ。親がお金を払ってくれているから大学に行くことができている。そのことに対して、心から感謝する気持ちを持っていました。それでも、『やめる』という気持ちが出てくるぐらい、その時は落ち込んでいたんです。そして、東京に帰る時、母親は私にお金を渡してくれて、父親は『お前が法政大学に進学したことを誇りに持っている』という言葉をかけてくれたんです。その言葉を聞いた時、『成功したい』という思いがこみ上げてきて涙がこぼれ落ちました。そして、もう一度頑張ろうという気持ちになれたんです。それ以降、全体練習後、毎日暗くなった中でも自主練習を続けました。そうした努力する姿を見てくれていた横谷さんが「アイツは誰よりも自主練を頑張っているから、試合に使ってあげようよ」とチームメイトにお願いしてくれたんです。それで、一度試合に出ることができました。初めての試合は天皇杯準決勝の三菱自動車（現・浦和レッズ）戦でした。

その試合でマークしたのが、日本代表としても活躍していた森孝慈さんでした。たまたまその試合を当時ユース代表監督だった平木隆三さんや日本代表関係者が見に来ていて、当時日本代表の中心選手だった森さんを抑える選手がいるということで、『アイツ、誰?』と話題になったそうです。私のことなんて誰も知るわけがないですよね。それまでまったく試合に出ていなかったんですから。初めて出た試合のプレーが評価されて、直後に開催された日本ユース代表合宿に呼ばれたんです。そこで同級生の有名選手と同じ立場になることができたんです。それ以降、大学でも試合に出られるようになりました。

無名の存在から日本代表に

大学3年生になったある日、マネージャーのもとに1本の電話がかかってきました。それは日本サッカー協会の方からで、「日本代表の合宿があるから、来てほしい」と連絡があったんです。でも、マネージャーは私に「日本代表」ということを伝えてくれなくて、それまで通り「ユース代表」の合宿だと思っていたんです。合宿先である検見川グラウンドに行こうと東京駅から電車に乗ろうとしたら、当時日本代表Bの中心選手だった日立製作所(現・柏レイソル)の碓井博行さんと会ったんです。それで、「碓井さんが日本代表Bの合宿に行くんですか?」と聞いたら、「バカ野郎、A代表の合宿だよ。お前も選ばれたんだよ」と言われて、初めて自分が日本代表に選ばれたことを知ったんです。驚きましたよ。で、「僕、いいです」と言って、寮に戻っちゃったんです(苦笑)。学校の試験があるということを理由に代表合宿参加を断ったんですよ。そしたら、またマネージャーのもとに連絡が来て、「明日9時に来てくれ」と言われたんです（笑）。覚悟を決めて、翌日に合宿に行くことになったんですけど、宿舎に入ったら、釜本さんがいたんですよ。その時点でビビりました。ここに自分なんかがいていいのかって（苦笑）。

それはマレーシア遠征に参加する日本代表選手を選ぶ合宿でした。ただ、練習で紅白戦をした時、捻挫をしてしまったんです。これで遠征に行かなくてすむと安心していたのですが、選ばれてしまったんです（笑）。普通なら、代表に選ばれたら喜ぶと思うんですけど、私の場合、ちょっと前まで大学の試合にすら出られなかった状況が続いていただけにビビっちゃって、代表に選ばれないように祈っていました（苦笑）。誰だって、最初はビビりますよ。

たとえば、練習で2人1組のメニューの時、誰もガマさん（釜本邦茂）と一緒にやりたがらないんですよ（笑）。仕方がないから最年少の私がいつも呼ばれて、相手をやらされていました。検見川グラウンドは山の上みたいなところにあって、グラウンドの横は崖みたいになっていました。いつもガマさんは崖の方に立っていて、私がパスミスをしたら、ボールが崖下に落ちてしまうんです。さすがにガマさんに取りに行かせるわけにはいかないので、ミスをするたびに私が崖を降りて、ボールを取りに行っていました。とにかく緊張しました。それぐらいガマさんのオーラはすごかった。宿所に戻ると、みんなが大部屋に集まってくつろいでいるんですけど、まったく入っていくことはできず、いつも四人部屋の端に隠れていました。

その時、大学生で選ばれたのは私と早稲田大学の西野朗（元日本代表監督）だけでした。当時の日本代表長沼健監督から「お前の捻挫は1週間後に治るとドクターから報告を受けている。最初の2戦目までは難しいかもしれないけど、3戦目からは出すから。そのつもりで準備しておけ」と言われたんです。そして、私が出場した試合は全勝だったんです（相手チームが弱かったので）。

自分のサッカー人生を振り返って、あらためて思うのは、人生はどこにチャンスが転がっているか分からないということ。私ほど無名の状況から日本代表まで這い上がった選手は過去にいないんじゃないでしょうか。しかも、10年以上代表でプレーしましたし、キャプテンまで務めさせていただきました。稀有な経歴の人間だと自分でも思います。

日本代表〝暗黒時代〟

今でこそ、日本代表はワールドカップに毎回出場できるようになっていますし、強豪国とも互角の戦いを繰り広げ、大きな注目を集める存在になっています。しかしながら私の時代、サッカーを取り巻く環境はまさに〝暗黒期〟と呼べる時期で、リーグ戦だけでなく、日本代表の試合も観客席は空席が広がっていました。日本サッカー協会も経営的に厳しく、海外遠征に参加するのも大変でした。今では想像もできませんが、船と電車を使って、東欧まで遠征に行ったこともあります。新潟からソ連（現ロシア）まで船で渡って、そこから鉄道を使ってルーマニアに入りました。

その東欧遠征にはテレビ東京のクルーが密着取材を行ってくれました。当時テレビ東京はサッカーに熱心で、毎週土曜日には『三菱ダイヤモンドサッカー』という海外の試合を放送する番組を作ってくれていました。そして、その遠征もずっと追いかけてくれたんです。ただ、無事にソ連に入ることはできたものの、困ったのが食事でした。日本の食べ物と味も味も匂いも違って、なかなか受け付けるものがなかったんです。生のトマトや果物ばかり食べていました。パンも日本のとは全く違って硬くて、食べられませんでした。

今のように代表の遠征に日本から調理師がついてくることなんてなく、日本の食事なんて食べることはできず、現地で食料を調達して食べるという感じでした。とにかく食事が口に合わなくてつらい思いをしました。持参したカップラーメンをよく食べていたのを覚えています。

その後、ソ連から鉄道でルーマニアに入り、夜9時ぐらいにホテルに着いたんですけど、部屋の明かりをつけたら、蜘蛛の巣だらけで驚きました。しかも、部屋のカギはかからない、もちろんシャワーもお湯なんて出ません。幽霊屋敷じゃないのかと思うぐらい、不気味なホテルに宿泊したんです。食事をどうしようかと思っていたら、現地の日本人の方々からおにぎりの差し入れがあったんです。久々にお米が食べられるということで、選手たちはおにぎりを見た瞬間、歓喜しました。1人2個も用意してくださいました。その時、私の目にはテレビ東京のスタッフ5人の姿が映りました。そこで、チームメイトに『ちょっと待って』と言い、おにぎりを1個ずつにして、テレビ東京のスタッフに分けてあげようと提案したんです。チームメイトも了承してくれて、テレビ東京のスタッフと一緒におにぎりを食べたんです。テレビスタッフの方々は本当に感謝してくれて、その中の一人で『三菱ダイヤモンドサッカー』の解説をされていた金子勝彦さんはのちに「あんなにおいしいおにぎりを食べたのは後にも先にもない」と言ってくださいました。それぐらい70〜80年代の日本代表を取り巻く環境は大変だったんです。

それでも日本代表の一員として、様々な経験をさせてもらいました。内戦真っ最中のイスラエルで試合をしたこともありましたし、北朝鮮では二度も試合をしました。北朝鮮は海外からの来賓に対してのもてなしがすごく手厚く、ホテルも豪華なんです。ホテルの部屋には床暖房も入っていましたし。タオルとかも上質なものが用意されていました。会場まで初日はバスで入りましたが、2日目は電車で行ったんです。地下鉄の駅にはシャンデリアもあって、すごく煌びやかな空間が広がっていました。そして、2両編成の電車に乗ろうとした時、アテンドしていただいている方が一声かけた瞬間、それまで座っていた乗客が立ち上がって、我々に席を譲ってくれたんです。おもてなしの姿勢は徹底していましたね。また、キャプテンの私とコーチングスタッフに対しては、豪華な料理もふるまってくれました。冷麺がすごくおいしかったのを今でも覚えています。後で聞いたんですが、地下鉄はシェルターになるそうです。

サッカーができる幸せ

様々な国でサッカーをして、あらためてサッカーは世界中で行われているスポーツだと知ることができました。驚いたのが、内戦中でもサッカーを見るためにお客さんがスタジアムに来るんです。それだけ多くの人にサッカーは愛されている。世界中でサッカーをやっている人がたくさんいますし、どんな状況でもサッカーで感動を与えることができるんです。そういったことを肌身で感じることができたので、いま指導している大学生にも『サッカーができることがどれだけ幸せなことか』という話をよくします。

彼らの親は好きなサッカーをやらせてあげようと、一生懸命に働いてお金を出してくれる。だから、君たちはサッカーに対して真剣に向き合わないといけないんだということを常に伝えるようにしています。私は大学時代、やめようと思ったことがありますが、両親をはじめ、支えてくれている人がいることを再確認したことによって、踏ん張ることができました。そういう気づきがあったから、今の大学生にもそういう思いを持ってもらいたいと思っています。好きなサッカーができる幸せを感じてもらって、頑張ってもらいたいんです。

サッカーができることは決して当たり前のことではありません。本当にいろんな人の支えがあって、サッカーができているし、生きることができているんです。選手たちにはそれを感じてもらいたい。それはサッカーだけではありません。どんなスポーツでも、どの分野でも構いません。自分の好きなことを突き詰めて、築き上げていくことが大事なことだと思います。その道を大人たちが作ってあげないといけません。その体験が私にとって、すごく大きいんです。ずっとサッカーで生かせてもらえてきたことへの恩返しであり、自分の使命だと捉えています。

サッカーの魅力を伝えるため全国行脚

私の現役時代はまだまだサッカーがマイナースポーツでした。ヨーロッパや南米に行って痛感したのはサッカーをプレーする人の数の差。それに比べると日本は競技人口が圧倒的に少なかったのです。まずは日本においてサッカーをメジャースポーツにしないといけないという思いを持ちました。普及活動に力を入れていかないと、日本のサッカー界はこのままジリ貧状態が続くと感じたんです。

サッカーをプレーしてもらう前にまず、子供たちにサッカーを知ってもらうことが大切だと考えました。当時の日本サッカー協会はどちらかというと、エリートを発掘することに力を入れていました。もちろん、普及にも力を入れようとは思っていたはずですが、資金力やマンパワーの問題で手が回らなかったところがあったと思います。とにかく、子どもや親御さんにサッカーを知ってもらうための活動が少なかったんです。だからこそ、まずは多くの人にサッカーに興味を持ってもらうことが大切だと考えていました。

私と同じ思いを持ち、実際に活動していたのがセルジオ越後さんでした。セルジオさんは日本からブラジルに移民した2世で、ブラジルでプロ選手として活躍をしていました。１９７２年に日本サッカーリーグ（ＪＳＬ）1部に所属していた、湘南ベルマーレの前身である藤和不動産サッカー部に加入しました。１９７４年に引退した後、日本でサッカーの普及活動に力を入れていました。

そして、コカ・コーラ社後援のもと、日本サッカー協会公認の「ＦＩＦＡさわやかサッカー教室」を全国で展開したんです。北は北海道から南は沖縄まで子ども向けのサッカー教室を開催していました。私も声をかけていただき、２年ぐらいお手伝いさせていただきました。

ブラジル出身のセルジオさんはとにかくうまくて、その圧倒的なテクニックで子どもたちを魅了していました。私も当時は引退直後だったので、見本を見せることはできました。年間25回ぐらい、全国で開催し、毎回数百人の子どもたちが集まってくれました。

まずはサッカーというスポーツを知ってもらうことがとても大事だと思って活動していました。とはいえ、すぐにサッカー人口が増えたわけでも、サッカーが注目を集めるようなスポーツになったわけでもありません。でも、そうした地道な活動を続けたことが、後のＪリーグ開幕につながっていったと私は考えています。

解説者として関わった歴史的一戦

サッカーを普及させるためにメディアを利用することも考えました。できる限りテレビに出演するようにしていましたし、解説を務める際にはサッカーをあまり詳しくない人にも伝わるように気をつけていました。当時は視聴者のほとんどがオフサイドを知らないわけですから、まずはオフサイドのルールを説明しないといけませんでした。今でも、オフサイドを知らない視聴者はいると思います。そういう人たちに向けて丁寧に説明する、普及の観点を忘れてはいけないと考えています。

1993年、アメリカワールドカップ・アジア地区最終予選の最終節日本対イラク戦。いわゆる「ドーハの悲劇」と呼ばれる試合の解説を務めました。毎試合担当の解説者がいたのですが、運がいいのか、悪いのか、最後の大一番で私の担当が回ってきたのです。そういう日本中の人から注目される試合で解説できたのも、それまで多くの人にサッカーを広めようと努力してきた宿命なのかなと思いました。

勝てば、日本サッカー史上初のワールドカップ出場が決まる一戦でしたが、終了間際に失点して夢が潰えたのです。試合後、実況者も言葉を失う中、私は「これがサッカーです」という言葉を口にしました。

その試合で多くの方にサッカーの面白さを感じてもらえたと思いますし、一瞬で天国から地獄に突き落とされるサッカーの残酷さもまた理解してもらえたと思います。

そういう後世に語り継がれるような歴史的な一戦に、解説者としてではありましたが、関われたことに感謝したいと思います。

1994年には人気アイドルグループSMAP主演の映画「シュート!」のサッカー監修の依頼が私に来たことがありました。その時、私はSMAPを知りませんでした（笑）。当時「週刊少年マガジン」で連載されていた「シュート！」という漫画はものすごい人気がありました。その人気サッカー漫画が人気アイドルを主演として映画化されれば、きっとサッカー人気に火がつくと考えて、協力することを決めました。SMAPのみなさんにボールの蹴り方から、動き方まですべて教えました。とにかくいろんな方にサッカーを知ってもらうことを強く意識していました。ちなみに、SMAPのメンバーはみんな礼儀正しくて、良い子たちでしたよ。

「チームの強化」と「普及」

サッカー人口を増やしたい。サッカーファミリーを増やしたい。その思いは今も変わっていません。日本全体で少子化が進んでいる中、スポーツ界にも間違いなく、少子化の影響が押し寄せてくることでしょう。そこで多くの人にサッカーを選んでもらえるかどうかに日本サッカーの未来はかかっていると言っても過言ではありません。競技人口の絶対数が少ないスポーツはやがて衰退していきます。そう考えると少子化が進めば進むほど、チームスポーツよりも個人スポーツがメジャーになっていくのではないでしょうか。

サッカー人口を増やしていくためにも、誰もがサッカーを楽しめる環境が必要だということを私は30年前から考えて、訴え続けてきました。サッカーがうまい子だけが試合に出られるのではなく、誰でも試合に出られるシステムを構築しないといけません。指導者の方々にもそういう意識をもってもらいたいと思っています。それが日本サッカーのレベルを上げ、世界で通用する選手が増えることにもつながると信じています。

母数が多くないと、その競技自体が衰退していきます。今の日本を見れば分かるでしょう。少子化は経済を衰退させます。それはスポーツも同じです。プレーヤーの絶対数が少なくなると、レベルを維持することが難しくなります。だからこそ、普及活動がすごく大事で、子供たちにサッカーを選んでもらうためにも、サッカーというスポーツが面白いし、人間的にも成長できるということを伝えていかないといけないのです。

サッカーが生き残っていくためにはエリートだけを相手にするようなやり方では先細りしていきます。多くの種を蒔いて、多くの人にプレーをしてもらい、楽しんでもらうことがサッカーの将来につながるのです。私は30年前からそういう危機感を持って、日本サッカー界に貢献したいと思って引退直後から普及活動に尽力してきたつもりです。その思いはこれからも変わることはないでしょう。普及に力を入れなければ、未来はなくなってしまいます。

今は海外で活躍する選手が増え、ワールドカップでも結果を残せるようになり、日本サッカーのレベルが上がっているように感じますが、これからさらに日本サッカーを強くするためにはエリートばかりに目を向けるのではなく、プレーヤーの絶対数を増やしていくことに取り組んでいかなければなりません。

「チームの強化」と「普及」の両面に力を入れていかなければ、日本サッカーは前に進むことはできません。それを私は現在、東京国際大学で体現しているつもりです。日本代表として海外に行って、サッカーを取り巻く環境の差に驚きましたし、当時は閑古鳥が鳴く中でプレーすることが当たり前でした。そうした経験を伝えていくことも私の役割だと感じています。

「サッカーの神様」ペレの衝撃

私が日本代表としてプレーしていた時代は「日本サッカーの暗黒期」と呼ばれることがあります。確かにサッカー人気は乏しく、厳しい環境でプレーすることが多かったです。とはいえ、世界の一流選手と対戦する機会も数多くありました。私の人生における誇りでもあります。

「サッカーの神様」と呼ばれるペレとは1977年に国立競技場で行われたペレの引退試合で対戦しました。

当時、アメリカがサッカーに力を入れていて、ペレはアメリカのニューヨーク・コスモスに所属していました。そのチームとJSLチャンピオンの古河電工が対戦したんです。加入2年目の私はペレをマークすることを命じられました。監督からは「トイレまでついていけ」と言われました（笑）。それぐらいしつこくマークにつけ

「サッカーの神様」ペレとも対戦。試合後に交換したユニフォームは今でも私の宝物

という指示のもと、プレーしました。

3対3の同点で迎えた終了間際、ペナルティエリア前でFKを与えてしまいました。当時、直接FKは壁の横を通すのが主流でしたが、ペレは壁の上を通しつつ、そこからカーブしながら落ちるボールを蹴って、決めたんです。それが、〝バナナシュート〟と名付けられたんです。回転しながら弧を描くシュートなんて、今まで見たことがなかったので、誰もが驚きましたよ。そのゴールが決まって、3対4で負けてしまいました。

ペレは決して体は大きくはないのですが、とにかく体幹が強く、バランスが良かったのを覚えています。コンタクトしてもびくともしませんでした。すごいフィジカルをしていましたね。

その試合で驚かされたのはペレだけではありませんでした。同じニューヨーク・コスモスに所属していたドイツ代表で、「皇帝」と呼ばれていたベッケンバウアーもすごかった。その試合でセンターバックとしてプレーしていたベッケンバウアーが自陣でボールを持った際、前線でペレが走り出したんです。ペレの動きに合わせてキックモーションなしで、30メートルぐらいの距離のパスを正確に蹴ってきたんです。なんとか私がヘディングでクリアしましたが、そのプレーには驚かされました。

普通、ロングキックを蹴る時はその前にキックをするモーションがあるんです。それを見て、予測をするのですが、ベッケンバウアーはそれがなかった。モーションなしに30メートルのキックを蹴る技術を持つ選手は世界でもなかなかいないでしょうね。

ペレも同じチームでプレーしているので、動けば出てくると分かって、動き出したのでしょう。日本では体感できない世界トップレベルのプレーを肌で感じることができたことはその後の私の大きな財産となりました。

ちなみに試合後、ペレとユニフォーム交換をしました。密着マークをしていたこともあって、ペレからユニフォーム交換しようと言ってくれたんです。サインも入れてもらったそのユニフォームは、私の宝物です。

トータルフットボールが日本に与えた影響

アルゼンチンの英雄、ディエゴ・マラドーナとは1982年のゼロックススーパーカップで一緒にプレーしました。日本代表がアルゼンチンのクラブチーム、ボカ・ジュニアーズと対戦したのですが、その一員としてマラドーナは出場したんです。

当時、マラドーナは21歳でした。アルゼンチンを優勝に導き。大会のMVPにも選ばれ、一躍スターになるメキシコワールドカップの4年前でしたが、1979年に日本で開催されたワールドユース(現U－20ワールドカップ)でものすごい活躍を見せていたので、サッカー界ではすでにその名は知れ渡っていました。

身長は私とあまり変わらないのに、体が岩みたいに硬く、足もすごく太かった。マラドーナと言

二人で奪いに行ってもマラドーナからボールを取ることはできなかった

えばドリブルですが、異次元のプレーを見せつけられました。すべて相手の体重の逆をついてくるんです。ボールを取れると思って足を出すと、逆を取られてしまう。すごいフェイントを持っているわけではなく、相手の重心を見て、足首だけでボールをコントロールするんです。ボールが足に吸い付くという表現がふさわしいドリブルでしたね。ボールを奪いに行ったら抜かれてしまうので飛び込めないんです。2人でボールを奪いに行っても、ボールを取ることはできませんでした。まったく歯が立たなかったですね。オーバーヘッドシュートも打たれましたし、『コイツ、すごい！』と試合中に何度も思いました。

メッシもそうでしょうけど、足首の使い方が他の人と全く違うんだと思います。きっとあの技術は練習で身につけられるものではありません。天性の才能だと思いますし、子どもの頃から感覚的に養ってきた技術なんでしょう。

その対戦から4年後の1986年にメキシコワールドカップが開催されたわけですが、イングランド代表との試合で見せた5人抜きは衝撃でした。「神の手」と呼ばれるハンドでのゴールも、あそこで咄嗟に腕が出ることもマラドーナの凄さ。体の動きが速いですよね。4年前に体感していたからこそ、その大会での活躍を見て驚きはありませんでした。「やっぱりね」という感じでした。

オランダ代表で「フライングダッチマン」と呼ばれていたトータルフットボールの体現者であるヨハン・クライフとも対戦したことがあります。ペレと同じようにクライフも現役の最後はアメリカでプレーしていて、ワシントン・ディプロマッツというチームに所属していました。1980年にディプロマッツが来日して、日本代表をはじめ、数チームと試合を行ったのです。クライフターンを警戒していたのですが、まんまとやられてしまいました。細かいタッチで相手を抜いていくペレやマラドーナとはタイプが異なり、クライフはスピードを活かして少ないタッチで抜いていく選手でした。身長が高くて、足が長かった。リーチがあるから、届かないんですよね。ボールを奪いに行くと、一瞬で抜き去られてしまう。とにかく速かった。

ちなみにクライフを中心としたオランダ代表がトータルフットボールを披露したことにより、日本サッカーにも変化が起きたんです。日本代表に選ばれる選手の基準も変化があり、それまでは釜本邦茂さんのような専門分野に特化した選手ばかりが選ばれていましたが、私のようないろんなポジションでプレーできるような選手も評価されるようになっていきました。

そうした流れで小柄な私がセンターバックで起用されるようにもなりました。センターバックではありましたが、守備をするだけではなく、最終ラインからボールをつなぐことを求められるようになったんです。間違いなく、オランダのトータルフットボールの影響でした。それまでは攻撃と守備を分けて考えていて、サイドバックがオーバーラップをすることなんてありませんでしたし、前線の選手が守備をすることもありませんでした。でも、その時期からFWにも守備を、DFにも攻撃を求められるようになったんです。日本サッカーの変化の兆しを感じました。

その後、Jリーグが発足されて、さらにその方向性は強まるようになりました。サイドバックがオーバーラップすることやFWが守備をするのが当たり前になりました。1970年代後半から着実に日本サッカーは変わっていったのです。私はその変化の前と後を経験している世代に当たります。

ペレも、マラドーナも、クライフも、すでに亡くなってしまったことが残念で仕方ありません。彼らと対戦して感じたことは私の糧となり、今の活動につながっています。感謝の思いとともに哀悼の意を表したいと思います。

また、日本サッカーの暗黒期が続いたものの、サッカー人気を高めようと、そういったマッチメイクをしてくれた方がいたことにも感謝しています。選手だけでなく、裏でそういう場を作るために尽力してくれた方々がいたから、サッカーの火が消えることなく、Jリーグの誕生につながっていったのです。そして、今があるんです。

現在では日本がワールドカップに出場するのが当たり前のようになっていますし、2大会連続でベスト16入りを果たすようになっていますが、急に日本サッカーが力をつけたわけではないのです。そういった時代を支えた人たちがいたことも知っておいてもらいたいと思います。

第 2 章

指導者の道へ

Jリーグ発足　プロ化の波にのまれて

法政大学卒業後、私は古河電工に入社して、サッカー部に入部しました。ジェフユナイテッド千葉の前身である古河電工は当時「丸の内御三家」と呼ばれる3チームのうち1つで、日本サッカー界の名門チームでした。大学時代から日本代表に選出されていた私に対して、熱心な誘いをしてくれたこともあり、入社を決めました。

1993年に「Jリーグ」が立ち上げられて日本サッカーもプロ化しましたが、それまで日本サッカーにはプロチームはありませんでした。私も古河電工の社員としてサッカーをしていました。毎日朝8時45分までに丸の内の本社に出社して、午前中いっぱい仕事をして、午後から横浜のグラウンドに行って練習するという日々を送っていました。

私が所属したのは営業部、当時課長は川淵三郎さんです。主にエフレックスという銅線を通すためのカバーや銅板を売る営業をしていました。昔は足尾銅山など日本国内の銅山で銅が取れたんですが、自分が働いていた頃にはもう国内で産出できなくなっていて、海外から輸入するようになっていました。何百トンというレベルで輸入をするのですが、量が多い分、重量あたりの単価を間違えたら大きな問題になってしまいます。そのため、常に銅の相場をチェックしていました。

そうした社会人生活を25年送りました。そして、1993年にJリーグが誕生して、古河電工がジェフユナイテッド市原（現・千葉）として生まれ変わった際に契約が変わりました。元々、古河電工に入社した時、そのまま定年まで働くつもりでいました。それは私だけでなく、当時日本サッカーリーグ（ＪＳＬ）でプレーしていたほとんどの選手が同じように考えていたと思います。でも、Ｊリーグが発足して、日本サッカーはプロ化に舵を切りました。ジェフも古河電工が作った舞浜のグラウンドを拠点に、古河電工が現場の主導権を握っていくという話で進んでいました。私はすでに30代後半でしたが、現役を続けるつもりでいました。でも、会社から「そろそろ仕事に専念してほしい」という話をされたんです。実質的な引退勧告です。驚きました。一緒にプレーしていた岡田武史（元日本代表監督）も同じように引退勧告を受けていました。そして、岡田はコーチとしてチームに加わることが決まりました。

法政大学卒業後、日本サッカー界の名門でもある古河電工に入社した

私はコーチにも選ばれることなく、ジェフに関わることができずに朝から晩までサラリーマンとして働く日々を過ごすこととなりました。そこでサッカー部の部長で、のちにＪリーグのチェアマンを務める小倉純二さんに「サッカーをやりたい」という相談をしに行きました。小倉さんは理解を示してくれて、私がサッカーに携われる仕事を探してくれました。そして古河電工の子会社の社長が「あなたはサッカーをやる

べきだ」と言ってくださって、指導者ライセンス取得に向けてのサポートをしてくれたんです。

それと、同時期に京都サンガF.C.の前身である京都紫光サッカークラブから電話がかかってきました。当時、JSL2部で低迷していて、このままではJリーグに上がれないから選手として力を貸してほしいということでした。故郷のチームですし、力になりたいと思ったので、平日は前述の子会社で働きながら、週末は京都に行って試合をするという生活をしていました。選手を続けながら、指導者ライセンスを取得するために必死に頑張りました。

そして、指導者ライセンスを無事取得することができました。そのタイミングで、ジェフの育成部の部長に古河電工時代にお世話になった八重樫茂生さんが就任して、「なぜ、古河電工でも日本代表でもあれだけの実績を残してきた前田秀樹がジェフにいないんだ」ということを言ってくれたそうです。八重樫さんが私の所属している子会社の社長に頭を下げて、再び私を引き取ってくれることとなったのです。そして、1994年にジェフのU－18チームの監督に就任することとなりました。ようやく指導者としてのスタートを切ることとなったのです。

指導者のプロに

U－18チーム監督就任1年目で山口智(現・湘南ベルマーレ監督)をはじめ、多くの選手をトップに昇格させることができました。翌年には酒井友之(現・浦和レッズ・ハートフルクラブ コーチ)

や村井慎二（現・ジェフ千葉U－15コーチ）、阿部勇樹（現・浦和レッズユースコーチ）といったのちのジェフを支える選手をトップへと輩出していったのです。

当時、私は古河電工からの出向という形で監督を務めていました。しかし、クラブとして、アカデミーのスタッフもプロ化するという方針を打ち立てて、私もプロ契約を求められました。正直、私は悩みました。結婚して子供もいましたし、住宅ローンもありました。生活も大事ですから、40歳過ぎてから急にプロに転向するということはかなり勇気が必要でした。当時はまだ指導者ライセンスもB級しか取っておらず、トップチームの監督はできない状況でした。プロ契約しない限り、監督を続けることができないし、周りの人も「サッカーで生きるべきだ」と言ってくれたので、思い切ってプロ契約を結んだんです。しかしながら、翌年、契約を延長してもらうことができませんでした。多くの選手をトップに昇格させることができたし、ジェフの育成の礎を築いたという自負もありました。それにもかかわらず、評価されなかったことに到底納得することはできませんでした。ただそんな不当な扱いを受けたのは私だけではありませんでした。古河電工時代から一緒にチームを支えてきた多くの人間がその時、ジェフを去ることとなったのです。あんなに悲しく、寂しい思いをしたことは後にも先にもありません。

それから私はどうしようかと考えました。その後、母校である法政大学の体育の講師を務めながら、解説の仕事もしていました。そして1年半後、私とともにジェフを去ることとなった八重樫さんが川崎フロンターレに移ったタイミングで私を呼んでくれたのです。そして、川崎のアカデミーの組織作りに励みました。しかし、そこも1年で契約は満了となってしまいました。あらためて、大きな組織で働く難しさを痛感しました。

当時のJリーグクラブは企業色がとても強かったんです。企業のフロントとのコミュニケーションをとるのが難しい時代でした。

本当の意味で地域に密着したクラブ

2003年、私のもとにJ2リーグの水戸ホーリーホックから監督就任のオファーが来ました。それまではずっと育成年代で指導してきましたが、トップチームの監督は初めてでした。

とはいえ、当時の水戸はプロと言っても、経営的に苦しく、厳しい環境での指揮となりました。お金がないから、欲しい選手を獲得することはできませんでしたし、むしろ、有望な選手を移籍させることによって得られる移籍金で経営が成り立っている状況でもありました。

監督が必要な選手をそろえて勝負するのが本当のプロであり、その上で結果の責任を監督が負うのがプロの世界です。でも、当時の水戸はその環境が整えられていませんでした。だから、最初にサポーターにはクラブの現状をしっかり理解してほしいということで話し合いの場を設けたんです。勝った時だけ応援するのは誰でもできます。でも、チームが苦しい時こそ、支えてくれるのがサポーターです。当時の水戸は本当に資金的に苦しくて、選手たちも厳しい待遇でプレーをしていました。その状況で結果だけを求めるのではなく、そこから這い上がろうとしている時にクラブ、そして選手を支えてくれるのが本当の意味でのサポーターだろう？と。それが本来の地域密着型のクラブの姿なんじゃないかということを訴えました。

どのチームにも優勝のチャンスがあるようなプロ野球と異なり、サッカーはクラブの規模に合わせた目標設定や存在意義があります。それをファン・サポーターに理解してもらうことはとても大切なこと。そういう意味でサポーターはクラブにとっては重要な存在なんです。チームは勝つこともあれば、弱い時もある。本物のサポーターはチームが苦しんでいる時こそ支えてくれる存在だと思いますし、長い目を持って応援してもらいたいと思うんです。私はサポーターの代表者とよく意見交換を行っていました。サポーターにクラブの状況を理解してもらわないと、いい関係を作ることはできません。しっかりと意見交換し、お互いの思いを理解し合えたことによって、本当に力強いサポートをしていただけるようになりました。さらに地域との絆も深まった気がしました。

就任当時の水戸ホーリーホックは経営的にも苦しく、厳しい環境だった

勝った試合後に、サポーターとともに喜びを分かち合う「前田祭り」と呼ばれるイベントが開催されることもありました。水戸では本当の意味での地域密着を作り出すことができたと思います。そういうことは大事なことだと思っています。水戸での監督時代はチーム作りだけでなく、そうした周辺の環境作りにも力を入れました。

結果にこだわって戦った5年間

厳しい環境だからといって、勝たなくていいわけではありません。私は常に結果にこだわって戦ったつもりです。就任1年目はクラブとして過去最高の7位という成績を収めることに成功しました。指揮を執った5年間、クラブの資金力は常に最下位でしたが、チームとして一度も最下位になることはありませんでした。そのための戦略を持って戦っていました。常に戦力差で劣る状況での試合でも勝つためにどう戦うかについて頭をひねりましたし、勝つことだけでなく、負けないことも意識しました。その結果、一度も最下位になることはなく、当時の資金力を考えると、かなり費用対効果の高い結果を残せたという自負はあります。

当時、圧倒的な資金力を誇る東京ヴェルディに6対1で勝った試合は気持ちよかったですね。東京Vには年俸数千万円の選手がいました。水戸の先発11人分と監督・コーチ合計の年俸より高かったですから(笑)。

高卒で水戸に加入した小椋祥平は飛躍的な成長を遂げ、後にU-22日本代表にも選ばれた

そして、選手も育てました。たとえば、すでに現役を引退しましたが、横浜Ｆマリノスやガンバ大阪などで活躍した小椋祥平は修徳高校から高卒で水戸に加入しました。実は、修徳高校の監督から別の選手を推薦されていたんです。その選手と一緒に練習参加したのが小椋でした。決して能力の高い選手ではありませんでしたが、ボール奪取能力の高さが目に留まりました。彼を鍛えたら、面白くなるんじゃないかと思って獲得したところ、守備的ボランチとしてぐんぐんと成長して、その高いボール奪取能力からいつしかサポーターから「マムシの祥平」と呼ばれるようになりました。

そして、その活躍が認められて、北京オリンピックに挑むＵ－22日本代表候補に選ばれることもありました。

結果的に水戸で４年間プレーして、２００８年に横浜ＦＭへと移籍することとなりました。

選手の特長を見極め戦術を変える

組織を強くするためには強い個が必要です。ただ、当時の水戸も今の東京国際大学も他のチームと比べて、まだ強い個が揃っているとは言えない状況です。そうした中で個を高める作業を続けなければならないのですが、チーム内で選手のポテンシャルに差が出てきてしまうこともあります。

私はチーム戦術に選手を合わせるのではなく、選手の特長によって戦術を変えるようにしています。さらにサッカーの究極は1対1ですから、個の力を最大限に発揮させることを強く意識しています。だからこそ、個を強くしていかないといけないのです。

強い個を育むために大事なのは選手個々のレベルを見極めて、ポテンシャルに合わせて要求を変えるようにすることです。ポテンシャルが高くない選手に難しい要求はしないようにします。むしろ、「これだけはやってくれ」といった感じで、要求を単純化するようにして、迷わずにプレーさせるように心がけています。その上で、選手の特長を発揮させるようにしているのです。

ドリブルがうまい選手には、そのドリブルをどうやって発揮させるかを考えます。ただがむしゃらに縦に行くだけではなく、斜めに入っていく選択肢があるといったことを伝えるようにしています。武器であるドリブルを活かすためにもパスを出すよりも、まず仕掛ける意識を持つことを求めます。

そうして自分の得意なプレーを発揮させて自信を持たせながら、徐々にタスクを増やしていく。

そうしたなだらかな成長を求めるのが私の指導方法です。一気にいろんなことを求めると、特長も出せなくなってしまいがちです。失敗をすると、頭の中が真っ白になって、どんどん悪循環に陥ってしまいます。それで、本来のやるべきことを忘れて、リズムを崩してしまう選手を何人も見てきました。選手個々のタスクの与え方は選手を成長させるうえで最も重要で、かつ、一番難しいところなんです。

当時の水戸も今の東京国際大学も個の力で上回れるチームではありません。その中でいかに勝つかを常に考えていますし、そのために要求を変えるようにしているのです。それが選手を育てるために重要な方法だと私は思っています。

水戸時代、多くの選手をＪ１へと送り出しましたが、成長する選手に共通していたのは瞬間的なスピードを持っていること。小椋もＦＣ東京に引き抜かれたＤＦ平松大志（現・いわきＦＣスカウト）も速かった。当時の水戸は選手を育てて売らないと、経営が成り立たちませんでした。だから、とにかく必死でした。でも、プロである限り、育成だけではなく、結果も求められる世界です。ある程度、ポテンシャルの高い選手が揃えば、選手を育てるというよりも、戦術的なアプローチをした方がいいのですが、当時の水戸でそういうチーム作りはできませんでした。

　とにかく勝つための策を毎試合考えて、相手の良さを潰しながら、自分たちのペースに持ち込む戦いを徹底していました。そんな5年間でした。

第 3 章

東京国際大学監督就任

大学サッカーでゼロからの出発

２００4年から水戸ホーリーホックの監督を務めていましたが、5年目の２００8年シーズンが終わった時点で契約満了を告げられました。トップチームの監督として常に張り詰めた日々を過ごしてきたので1年ぐらい、ゆっくりと指導の勉強でもしようかなと考えていたところ、ある大学から連絡がありました。その大学はこれまでずっとＯＢしか監督にしてこなかったんですが、初めて外部の人間を監督にしたいという打診を受けました。自分にとってのチャレンジにもなると思ったので、その大学からのオファーを受けようと考えていました。詳細なチームのスケジュールを教えてもらい、実際にサッカー部のスタッフとミーティングをすることも決まっていました。

そんなある日、京都パープルサンガのＧＭから連絡が来ました。「会ってほしい人がいる」とのことでした。知り合いの会社の会長と東京国際大学の倉田信靖理事長がつながっていて、倉田理事長がサッカー部を強化したいという考えがあって、その会長に相談したそうです。そして会長から話を聞いた後輩が私を推薦してくれたそうです。ちょうど私が水戸を離れるタイミングだったということで、白羽の矢が立ったそうです。ただ、他の大学から先に話をいただいていたこともあり、断ろうと思ったんですが、どうしてもということで、とりあえず会うことにしました。池袋のホテルで倉田理事長とお会いしました。

その日は雨が降っていたんですが、私はロビーのソファーに座らずに立って待っていたんです。

その光景を理事長は見ていて、私の行動に好感を持ってくれたそうです。

理事長からサッカー部を強化したいというお話を聞いて、「ぜひ監督をやってもらいたい」とお願いされました。理事長はお忙しい方で、会ってから10分しか経ってないのに「決めました！」って言うんです（笑）。まだ私は決めていないのに（笑）。「今はサッカー部の施設は何もないけど、これから作っていくので、希望があったら聞くから何でも言ってほしい」と言ってくださいました。その言葉にすごく興味を持ったのですが、その前に他の大学から声をかけていただいていたので、どうしようかと悩みました。

最初にお話をいただいた大学は伝統のある学校で、それはそれでやりがいがあると思ったんですが、東京国際大学は真っ白な状態でこれから作り上げることができる。ゼロからすべて自分で作っていけるということにすごく魅力を感じたんです。

悩みに悩んだ末、先にお話をいただいていた大学に断りを入れて、東京国際大学サッカー部の監督に就任することを決めました。また、その後、Jリーグを目指すチームからもオファーを受けましたが、その決断を変えることはありませんでした。

Jクラブにも引けを取らない施設

とはいえ、実際に大学のグラウンドに足を運んだら本当に何もないんですよ（笑）。野球のグラウンドと砂ぼこりがすごい土のグラウンドがあるだけでした。倉庫に入っている練習用の道具もほとんどが壊れているし、穴が開いているボールがいくつもある。この状況で本当にサッカーできるのか？と考えていた時、理事長が来られて、グラウンドもクラブハウスも作りますからと話していただきました。

理事長はサッカー部を強くして、日本サッカーのために貢献したいという強い思いを私に話してくれました。そのためにチームを強くしてもらいたいというお願いをされたんです。人工芝のグラウンドを作ることは決まっていたのですが、そこで私がお願いしたのはサッカー場だけを作るのではなく、指揮室と観客席を作ってほしいということでした。というのは、日本のスポーツ施設の多くはプレーすることしか考えらえずに作られてきました。しかし、ヨーロッパでは観に来る人のことも考えて作られています。

また、チーム作りをするためには全体を見渡す場所が必要です。そのために指揮室は必要なんです。その2つをお願いしたら、すぐに対応してくれました。でも、最初に見せていただいた計画では観客席とは名ばかりで、ただ椅子を並べただけの観客席でした。私が言っているのはそういう意味ではありません。ちゃんと見学者も居心地よく試合を見られる環境を作ることが大事なんだと訴えたところ、すぐに作り直してくださり、しっかりとした観客席が完成しました。

日本代表の一員としてドイツに行った際、スポーツシューレの環境を見た時の感動は忘れられません。それ以来、日本にもああいう施設が必要だと思っていました。プレーヤーだけでなく、観る方にも楽しんでもらいたいんです。そういう施設を作りたかったんです。そうした私の考えを理事長にも賛同していただき、すべてのグラウンドに観客席を作ってもらいました。

また、シャワー施設もお願いしました。スポーツは汗をかくので、練習後や試合後は臭くなります。やっぱり、そのまま帰るのは嫌なんです。練習後はシャワーを浴びて帰りたい。ドイツではどこのグラウンドにもシャワーはついていましたし、シャワーを浴びて帰るのは当たり前でした。そのためすべてのグラウンドにもシャワー施設を作ることをお願いしました。

就任当時は土のグラウンド一面しかありませんでしたが、就任1年目の春に第1グラウンドが完成して、部員が100人ぐらいになったタイミングで第2グラウンドができました。そして、就任5年目で、第3グラウンドが完成しました。第3グラウンドは当初多目的グラウンドとして作る予定で、体育の授業も行うことを想定していたそうです。ところが、2010年に女子サッカー部が発足したこともあり、第3グラウンドもサッカー部として利用することを認めてもらえました。

就任15年目、今では人工芝のグラウンド3面とフットサルコート2面、そして、トレーニングジムや更衣室が備わっているクラブハウスという環境が整えられています。これだけの施設を作る大学はなかなかないでしょう。

それとこだわりは施設を常にきれいな状態にしておくこと。そのために専門の業者にお願いして、清掃をしてもらっています。クラブハウス内のシャワールームやトイレはもちろんのこと、敷地内の芝生や木々の手入れも行き届いています。景観をすごく大事にしています。

今までのスポーツ施設はスポーツをすることだけしか考えられていないところがほとんどでした。グラウンドはあっても更衣室もシャワーもない。それでは気持ちよくスポーツすることはできません。更衣室がないグラウンドで、女子はどこで着替えればいいのでしょうか？　誰もが気持ちよく使えるスポーツ施設でなくてはダメなんです。そういう意味で東京国際大学はその環境が整っています。サッカーだけでなく、野球も駅伝もゴルフも素晴らしい環境が整っています。それはすごいことだと思いますし、そういうところから日本スポーツ界を変えていくのだと感じています。

この環境は本当のスポーツシューレだと思います。Jリーグ初代チェアマンの川淵三郎さんがJリーグを立ち上げた時、日本にもスポーツシューレを作ろうという発想がありました。私もそれを理想としていて、Jリーグクラブがこういう施設を作るべきだと思っていました。でも、実際に作るとなると大きなお金が必要ですし、土地も必要となります。既存の施設で作ることを考えると、学校の施設を活かすことが最も現実的なような気がします。小学校も中学校も校庭や体育館がありながらも有効に使っていない学校が少なくありません。そういった施設を有効に活用していくことが今後の日本スポーツのカギを握っているような気がしています。

全ての選手を成長させること

東京国際大学での練習初日のことは今でも忘れることができません。寒空のもと、集まった部員は8人しかいませんでした。軽くランニングをさせたら、周回遅れの選手が出てしまって愕然としました。部員も全員で10人強しかおらず、数人休んでしまうと、試合ができない状況でした。4月に新入部員が入ってきてくれて、安心して試合ができるようになりました。

でも、すごく楽しく練習することができました。周回遅れになってしまう選手もいましたが、だからといって、それは悪いことではありません。大事なことは選手のレベルに合わせたトレーニングをすることなんです。そのためのいろんな引き出しを持っておくことが指導者には必要なんです。どんなレベルの選手でも共感を持ってもらわないと、一生懸命練習をしてくれるようにはなりません。サッカーがうまくても、うまくなくても、サッカーを楽しいと思ってもらうことがなによりも大切ですし、全ての選手たちを成長させることが指導者の使命です。

そのため1年目は特に選手に合わせたトレーニングを意識しました。時には厳しい練習もしましたが、それでも選手たちは前向きに取り組んでくれていたと思います。私の誕生日にはビールかけをして祝ってくれたように、きっと慕ってくれていたとは思います。どんなチームにも大切なのは『和』です。最初のうちはそれを作り上げていくことをとにかく意識しました。

最初のころは練習時間に遅刻してくる選手もすごく多かったですし、練習2時間前までに食事を食べるように説明しても、パンを食べながら練習に現れる部員もいました。そういう生活態度を教えるところからチームづくりはスタートしました。

トレーニングに関しては、私が見本を見せることによって、『すごい』と思わせるようにしていました。そうすると、言うことを聞いてくれるようになるんです。走っても、20代の選手たちより、50代の私の方が速いんですから（笑）。選手たちはもっと頑張ろうと思いますよね。

だからといって、できないことに対して文句を言うことは絶対にありません。できないことはしょうがないことなんです。大事なのはできるように努力しているかどうか。そこをちゃんと見極めてあげることが大事なんです。そこに対して、的確なアドバイスを送ることを強く意識していました。むしろ、少人数だったので指導は楽でしたね。選手が40人も50人もいると、1人ずつに教えることは簡単なことではありません。そういう意味で、1年目は1人1人と接する時間が長かったこともよかったです。

そして、グラウンドが完成したことにより、選手たちはより楽しくサッカーができるようになったと思います。砂漠の真ん中にオアシスができたかのように、どんどん水を吸収していくような成長ぶりを見せていきました。

レベルに合ったカテゴリーで真剣勝負

前年までプロの監督をしていただけに、その落差に戸惑いはなかったか？と聞かれることがよくあったのですが、その時にはいつも「なかった」と答えています。実際、まったくありませんでした。

かつて全国にサッカースクールで周った時、野球のスパイクで練習に来る子もいましたから、ある意味慣れていたんでしょうね。全然気になりませんでした。大事なのは教える側の情熱なんです。すぐに子どもを変えることはできません。時間はかかるものなんです。1人1人をしっかり見てあげて、ちょっとした成長も見逃さないことが大事なんです。

そして、選手が急激に成長する時があります。それは環境が変わる時です。東京国際大学で言うと、それはグラウンドが完成した時でした。それまで土のグラウンドでしかサッカーをやったことのない選手たちにとって、きれいな人工芝のグラウンドができたことは大きなモチベーションになったと思います。その刺激はかなり大きかったでしょう。それと、私が来て、本格的な指導を行ったこと。それまでは部員で練習メニューを決めていたそうですから。私が来て、一緒にサッカーをすることによって、サッカーの本質を理解してい

全ての部員が12のチームのいずれかに所属し、毎週真剣勝負のリーグ戦に参加している

きました。だからこそ、成功した時にはすごく喜んでくれるようになりました。4月になって、少しレベルの高い新入生が入ってきて、チーム全体のレベルが上がった。そこからさらに真剣さが増しました。

何度も言いますが、大事なのは、チームや選手のレベルに合わせて指導することなんです。高いレベルに無理に引き上げようとすると、必ずドロップアウトしてしまう選手が出てしまいます。それではダメなんです。決して能力が高い選手でなくても、サッカーを楽しいと思って取り組んでくれるようになると、すごくいいチームになっていくんですよ。そして、それが噂になって、いい選手が来てくれるようになります。そういった良い循環が起きるようになるのです。人を連れてくるのは人なんです。

だからこそ、今も選手に合ったカテゴリーで真剣勝負ができる環境を作っています。自分のレベルに合わないチームに行って、試合に出られないなんてことはあってはいけないんです。そういう人はきっとサッカーを嫌いになってしまうでしょう。自分のレベルに合ったチームで試合に出ることがサッカーにおいて大切なことなんです。

就任1年目、東京国際大学は埼玉県大学リーグ2部に所属していました。1年での1部昇格を目指してチーム一丸となって戦っていました。そして、昇格をかけた最終戦、当時GKが1人しかいなかったんですけど、その選手がけがのため出場できませんでした。仕方なく、フィールドプレーヤーをGKとして出場させたのですが、GKとDFの連係ミスから失点をして負けてしまったんです。

試合後、選手たちは全員ピッチで号泣していました。あの涙を見て、私はこのチームが強くなると確信しました。今まで本気でサッカーをしたことがなかった選手たちが本気で戦ったゆえの悔しさを味わった。大学生になってあれだけ泣くことは滅多にないでしょう。人生において貴重な経験をしたと思います。

悔し涙を流すぐらい本気でサッカーと向き合ったという時点で、彼らにとっての成功なんです。いい経験をしたと思いますよ。部員が約400人に増えた今もそれをそれぞれのカテゴリーで体現しています。能力の差はあるけど、それぞれのカテゴリーで必死になってサッカーをして、勝ってうれしい思いをしてもらいたいし、負けて悔しい思いをしてもらいたい。それはすごく大事なことです。

もちろん、トップチームはありますし、レベルに合わせてチームのカテゴリーを決めていますが、トップチーム以外のチームが2軍や3軍という位置づけではありません。全員がレギュラーなんです。12チームすべてにプロのコーチが指導をしています。学生だけでやらせているわけではありません。そこは東京国際大学のすごいところだと思います。そういう環境を作ってくださった理事長の理解に感謝したいと思っています。

前年の悔しさをバネに、翌年、埼玉県1部リーグに昇格し、そして、2012年に県1部リーグで優勝を収めて、関東2部リーグに昇格することができました。

第 4 章

リアクションからアクションへ

週3回の体幹トレーニング

関東リーグに参入して、特に感じたのは球際の争いなどのフィジカル的な強さの差でした。技術的な差もあるんですけど、関東リーグのチームは想像以上にフィジカルが強かった。だからこそ、フィジカルの強化に力を入れました。県リーグにも技術が高い選手が多かったので、技術面に関してはそこまで大きな違いを感じませんでしたが、フィジカルの差は歴然でした。

技術が高い選手も身体で抑えられると何もできなくなってしまいます。関東リーグに昇格して、その差は鮮明に出てきました。そこで、筋トレに力を入れるようになりました。1人1人の数値を測定して、基本的な体幹トレーニングで上げていく作業をしました。

強化すべきポイントをトレーナーに伝えて、メニューを考えてもらうようにしています。サッカーをするうえでは下半身の筋力が弱いので、そこをもっともっと強化する必要があると感じています。フィジカルが強いチームや選手と比べると、臀部のところの大きさの違いが一目瞭然でした。

関東リーグ昇格以降、週3回は必ず筋トレを練習メニューに組み込んでいます。新1年生に対しても、数値を測定しながら、1人1人に合ったメニューを組んで鍛えています。あとは走力。たとえば、有酸素運動の能力を測定しながら、最低限の基準を設けるようにしました。その基準を超えないとトップチームの試合に出られないというルールを課しました。基準を超えられない選手には何度もトライさせています。そうしたことで選手たちの走ることへの意識が高くなりました。

それ以外にも思わぬ効果をもたらしました。タイム測定によってチームワークが高まったのです。測定の日に選手同士で応援する声が出るようになりました。また基準タイムに入れなかった選手の追試的測定の時、速い選手が一緒に走ってあげてペースメイカー役を務めて励ますなど、助け合う光景が見られるようになったのです。『自分ができればそれでいい』といった考えではなく、『みんなで支えながら頑張ろう』という雰囲気が自然とチームに出てきました。チーム全体の体力的な向上だけでなく、そういった効果もあったんです。それを今後につなげたいと思っています。

筋トレや走力をやり続けることによって、年々フィジカルが強化されていき、他チームとの力の差が小さくなっていったように感じていました。選手たちも変化を実感しているようです。

リアクションサッカーの限界

2021年に2部で優勝し、関東1部昇格を決めましたが、それまでに2013年と2016年の2度、1部昇格したことがありました。その要因は勝つためのコツをうまく引き出したことだと思っています。相手チームの分析をしっかりして、相手の良さを消す戦いを貫きました。いわゆる、リアクションサッカーです。

あまり攻めずに守りを固めて、その上でセットプレーやカウンターから点を取る戦いを選手たちに教えていました。それが奏功しました。正直なところ、関東リーグのチームとの力の差を感じていたので、その相手に対して、勝つためにもそういう戦い方をするしかなかったんです。

でも、そういう戦い方をやっている限り、選手たちは指導者の言うことを聞くことしかできなくなってしまいます。それでは本質的な成長にはつながりません。そうではなくて、自分たちが力をつけて、どの相手でも自分たちのサッカーで勝っていくことが大切なんです。

特に変革の必要性を感じたのは1部に昇格してからでした。1部のチームは2部のチームと比べて、局面で数的優位を作る意識が強い。その対応が遅れるとやられてしまいます。相手にスペースを与えるとやられてしまうので、積極的に前からプレスをかけられませんでした。要するに、リトリートのサッカーしかできなかったんです。

プロの世界でもそうでした。水戸の監督時代も、相手との力の差が大きくて、そういう戦いしかできませんでした。常にリトリートからカウンター狙いのサッカーで勝つことを目指していました。自分たちでボールを支配して、相手の陣内に押し込んでシュートに持ち込むようなチーム力がありませんでした。勝つためには、ボールを奪って出来るだけ速く相手ゴール前に持っていくという手段しかなかったんです。

大学でも、関東2部では通用するけど、1部では通用しないことが多々ありました。なぜかというと、守備の組織を一つでも破られると、そこからすべてが崩れてしまったからです。1部のチームはミスが少なく、一つひとつのプレーの精度が高いので、なかなか守り切ることができませんでした。リアクションサッカーの限界を感じました。結局、1部に昇格した1度目は1年で降格、2

度目は2年で降格してしまいました。その時にこのままリアクションサッカーを続けても、1部に定着することはできないと感じていました。

だから、いつかリアクションサッカーから脱却して、さらに上につながるサッカーをチームに植え付けていかなければいけないと考えていました。負けてもいいというわけではないですが、あまり結果にこだわりすぎるのではなく、自分たちのスタイルを明確にして、そのスタイルを貫いて上を目指そうという意識をチーム全体に徹底させるタイミングを見計らっていました。

チーム全体の意識改革

2021年にその時は訪れました。チーム始動からけが人が続出して、2部リーグの開幕戦で負けてしまい、スタートダッシュに失敗してしまったんです。何とかして手を打たないといけないと考えていた時、ここがスタイルを切り替えるチャンスなんじゃないかと思ったんです。

そして、第3節終了時点で切り替えることを決めました。引いて守備を固めるのではなく、前からプレスをかけて、相手陣内でサッカーをすることにしたのです。さらに、そのタイミングでけが人が続々と復帰したこともあり、チームは勢いづいて、勝利を重ねられるようになり、最後は2部リーグで優勝して、3度目の昇格を決めました。

チームスタイルの大きな転換。決して簡単なことではありませんでした。そこで選手たちに強調したことは前にボールを入れる意識を最優先で持つことでした。サッカーにおいてボールを失わないことは大切です。ボールを奪われたら、相手に攻撃権を譲ってしまうことになります。その回数が多ければ多いほど、失点のリスクは高まります。だからこそ、その回数を減らすためにも、ボールを失わないことが大事なんです。

ただ、それまでは「ボールを失わない」ことを意識するあまり、バックパスと横パスが多くなってしまいました。点を取るためには前にボールを入れないといけないのですが、その判断の優先順位が低くなってしまっていたのです。ゴールに向かうことはサッカーにおいて基本的なことですが、ボールを失わないことばかりを意識して、その基本を忘れてしまっていました。

守備に関しても、相手の攻撃力が強いからといって、リスクをかけない守り方をすると、ボールを奪えなくなります。そういうチャレンジしないサッカーでは勝てないし、選手は成長しません。だから、まずはリスクを恐れず、ゴールに向かう意識づけを行いました。ボールを持った時、まずはゴールへ向かうことが優先順位において最優先だということを伝えました。ゴールに向かってボールを失うことは問題ないということを強調しましたし、ボールを失っても取り返せばいいという意識づけを徹底しました。選手の意識の優先順位を変えることからスタートしました。

選手たちは素晴らしい反応を見せてくれました。パスを前や縦に入れる意識が見られるようになりましたが、最初は精度が低く、なかなかうまくいきませんでした。でも、やろうとしていることが素晴らしいので、ミスをしても「問題ない」と選手たちに言い続けました。その意識をしっかり持ってさえいれば、いくらでも技術を高めることはできます。そのためのトレーニングをすればいいわけです。

そして、ボールを持った時、まず最初にセンターフォワードを見ることの意識づけも行いました。センターフォワードのアクションを見ていないと、縦に速いボールは出せません。同時に、センターフォワードの選手がアクションを起こさないとボールを引き出すことはできません。だからこそ、相手の裏を狙わないといけないのです。その時、2トップが息の合ったコンビネーションを見せることが重要なのです。ボールを受けるアクションをしたのにパスが出てこないと、センターフォワードは動かなくなってしまいます。またパスを出そうと思っても、前の選手がアクションを起こさないと次第にパスが出せなくなってしまいます。サッカーのスタイルを切り替える際、そういう現象は出てくるものです。でも、そういうエラーが出ても、やることをぶらすことなく、前線の選手がアクションすることと、そこにボールを出すことの意識の徹底を行いました。

その結果、FW師岡柊生《もろおかしゅう》（現・鹿島アントラーズ）がゴールを量産するようになり、Jリーグスカウトからの評価が一気に高まりました。2列目の落合陸（現・柏レイソル）も点を取れるようになりました。それまで失点しないように戦ってきたチームが点を取れるようになったんです。たとえ、パスが通らなくて、ボールを奪われても、前で奪い返せばいいんです。そこの守備への切り替えの早さも選手たちに求めました。

攻守の切り替えにおいても、一つでも遅れたら、相手にボールを前に運ばれてしまうので、意識の徹底を行いました。そうした共通意識がチーム内に芽生えたことにより、ボールを持ったらまずは前を見るということが浸透していったんです。

ただ、気をつけなければいけないのが、最終ラインからFWにボールを入れることが多くなると、全体的に間延びしてしまいがちになります。間延びするということは、守備で甘さが出てくることにつながってしまうのです。そうすると、相手ボールになった時、相手にスペースを与えてしまいます。だから、今度は裏にボールが出た時、全員がプッシュアップして、スペースを消しにいかないといけません。そのためにも最終ラインを高くしないといけないのですが、最終ラインを上げると、失点のリスクが高くなります。でも、それを怖がったら意味がないので、やられてもいいから、上げろと言い続けましたし、「それがトレーニングだ」ということや、「それをやらないとセンターバックは強くならない」ということも伝え続けました。攻守においてアグレッシブなアクションサッカーをするために、チーム全体の意識改革を行いました。

W杯で日本が見せてくれた理想のスタイル

現役時代、ブラジル代表などの強豪と対戦した時に感じたのですが、後ろで1人を余らせようとすると、ラインを下げざるを得なくなります。一方、高い位置で守ろうとすると、最終ラインはどこかで2対1の数的不利な状況を作られるんです。1対1で対応するのは誰でもできます。でも、アグレッシブな守備をするためには相手2人に対して1人で対応する状況から1対1に持っていける選手が必要なんです。

たとえば、GKにバックパスをされた時に前線の選手がチェイスしてしまうと、ボールのないところは攻撃側が数的優位になってしまいます。でも、そこにボールが出なければ問題ないんです。そういう守備をすることを選手たちには求めています。高い位置でプレスをかけてボールを奪ってしまえば、そのままシュートまで行くことができます。その代表的な例がワールドカタール大会のスペイン戦での1点目の場面です。

あの時、1点のビハインドを負って、日本代表は点を取りに行かないといけない状況でした。だから、相手の最終ラインのボール回しに対して、前からプレスをかけていったんです。

スペイン代表は後ろで回そうとして、GKにバックパスをしました。日本はそこで足を止めることなく、GKにプレスをかけにいきました。その流れの中で堂安律選手（ドイツ／フライブルク）は相手の左サイドの選手にプレスをかけにいったのですが、スペインはワイドの高い位置に選手を張らせていました。その時、日本は右ウイングバックの伊東純也選手（フランス／スタッド・ランス）に対して、2対1の数的不利の状況を作られていたのです。GKが伊東純也選手の前方にいた選手にパスを出した時、伊東選手は後ろのマークを捨てて、前の選手にアプローチにいき、ヘディングで競り勝ちました。その時、堂安選手もちゃんと下がっていたので、フリーの状態でボールを受けることができ、左足で強烈なシュートを放ってゴールに突き刺したのです。この得点は伊東選手が2対1の状況を作られながらも、1対1に持っていったことから始まったのです。そこの判断が大きかったと思います。

あの場面で伊東選手がかわされて、サイドに張っている選手にパスを出された時にはセンターバックの選手がスライドして対応しにいかないといけません。後ろの選手が2対1を作られても、1対1に持ち込むことができる力が求められるんです。

サッカーはどこでリスクを負うかの判断がすごく大事なスポーツです。点を取るためには、高い位置でボールを奪った方がいいんです。でも、その分、リスクは高まります。だから、後ろで2対1を作られても、1対1に持っていくための判断と能力をチーム全体で身につけることが重要なのです。瞬間瞬間で常に頭を働かせていないと、その守備はできません。そういう意味でスペイン戦の1点目の場面は我々のスタイルの理想です。そのシーンを選手たちに何度も見せましたし、同じような守備のやり方を合宿で取り組みました。

連動した前からのプレスでボールを奪う

大事なのはボールがどこにあるかということ。それによって守備は決まるんです。いいプレスがかかれば、ほとんど前にボールは出てきません。前からプレスをかけることにトライしないと、チームとしてのレベルも、選手としてのレベルも上がらないと思っています。

私が日本代表として国際試合でプレーした時に、レベルの高いチームにはプレスをかわされて逆サイドに運ばれてしまうことがよくありました。そこでボールを奪い切れればチャンスになるのに、当時は連動した守備をする意識がチームにありませんでした。そういう守備の大切さをずっと感じていたので、大学の監督に就任してから、どこかでトライしようと思ってはいました。けれどもリーグ戦が始まると、修正の作業が多くて、サッカースタイルを切り替えるトライがなかなかできませんでした。就任以来、ずっとスペースを消して、リスクを負わないサッカーを続けてきました。それでは、あまり選手は成長しないので、一昨年思い切ってトライしたのです。

でも、このスタイルの目的はボールを奪うことではありません。ボールを奪って、ゴールを決めることが目的なんです。そのためにも奪ったボールを支配する力を持たないといけません。2022年のチームには師岡や落合など能力の高い選手が前線にいたので、ボールを支配することができましたが、彼らが抜けた今年は、どうしようかと悩んでいるところです。でも、今まで通り自分たちから攻守においてアクションを起こすサッカーをしようと思っています。

2021年に2部で優勝し、1部昇格を決め、翌シーズン1部で2位という過去最高の成績を収められたのは、そのトライがうまくいったからだと思っています。ただ、まだ完成形ではありません。これからもっと切り替えの早さを求めていきたいですし、プレスの精度を高くしていきたい。技術力の高い選手が増えているので、そこの意識が徹底できれば、もっと強くなれる可能性を感じています。守備の意識が高まって、フィジカルが強くなれば、ボールを奪った後、さらにいい攻撃ができるようになるはずです。

新たなシーズンに向けてのトライ

2022年は関東大学1部リーグで開幕6連勝を達成し、優勝争いを繰り広げ、過去最高の2位という成績を残すことができました。大きかったのは初戦で明治大学と対戦して4対0の大勝を収めることができたこと。今まで1部で戦ってきたときとは異なる手ごたえがありました。

過去に3シーズン1部で戦った経験がありましたが、1部のチームには歯が立たないイメージがぬぐえませんでした。守備を固めて、カウンター狙いという戦いを徹底したのですが、なかなか勝点を手にすることができず、降格してしまいました。でも、2022年は開幕戦で『やれるぞ』という自信を手にすることができたのです。

その要因はアグレッシブな守備の強さが攻撃につながっているという確かな手ごたえがあったからです。前年から取り組み始めたサッカーが1部の強豪相手にも通用したことによって、全員の意識が変わりました。だからこそ、新たなスタイルがさらに浸透して、継続することできたんだと思います。そこで疑心暗鬼になってしまったら、中途半端な戦いになっていたかもしれません。でも、自分たちのサッカーに対する自信が強固なものになったからこそ、徹底することができたんです。

また昇格1年目から優勝争いを繰り広げられた要因として、相手が我々のサッカーに対応できていなかったことも挙げられると思います。我々のスタイルは大学サッカー界では珍しいので、きっと驚いたチームが多かったと思います。大学では我々ほど前から積極的にプレスをかけるチームはありませんから。

ただ、シーズン途中からなかなか勝てなくなってしまいました。我々の戦い方を分析されて、対策を練られたことが大きな原因でした。あらためて、感じたのは一つのパターンだけでなく、二の手、三の手を持たないといけないということです。相手に対策を練られた時、変化を見せることができませんでした。そうしたことができるようになるためにも攻撃の技術がないと難しいのです。

そこで新たなシーズンに向けて、トライしているのが中盤でタメを作ること。2列目で起点を作る攻撃を展開しようと思っています。そのためにもボールを収められる選手が必要になります。もちろん、突破もしないといけないのですが、時間を作れる選手を軸に置いて、攻撃のバリエーションを幅広くしていきたいと考えています。

昨季のように前線の2トップの連係で崩すことも必要になりますが、それだけに頼らず、他のバリエーションを作ることにトライしています。師岡がいなくなっても点を取れるようなチームを作りたいと考えています。

一番の目的は選手を成長させること

我々にとって一番の目的は選手を成長させることです。そういう意味で2022年は選手の成長をすごく感じたシーズンでした。選手たちのサッカーの考え方が変わったように感じました。どういうことをすれば、相手からボールを奪えるかが分かったと思います。ただ、どうすれば点を取れるかということに関しては、まだまだ課題はありますが、そのためにやるべきことは理解できたのではないかと感じました。

前からのプレスで相手からボールを奪って、得点につなげることに対して、チーム内で意識の整理ができたと感じています。そして、何よりも、自分たちのスタイルを貫いて、アクションサッカーを続けることによって、東京国際大学のサッカーの土台が築かれていきました。

新1年生は能力の高いメンバーが多くて、面白いプレーを見せる選手が何人もいます。ところが、実戦形式の練習では上級生にコテンパンにされ、上級生のプレスの強度と速さに驚いていました。高校までのサッカーとの違いをすごく感じているようです。それがすごく大切なことなんです。

何度も言いますが、我々指導者は選手を成長させることが仕事です。大学のサッカーが、高校やユースでやっていたサッカーとの違いを見せないといけません。さらに高いレベルのサッカーを求めることによって、選手を成長していくんです。

アクションするスタイルに切り替えて、選手の成長スピードが高まりました。自分たちからアク

ションを起こすのですから、成功することだけでなく、うまくいかないことがたくさん出てきます。そこで何がよくなかったのかが明確になるんです。今までのリトリートサッカーではミスが分かりづらいんです。ある意味、そのためにリトリートを選んでいたところがあるのですが、それでは選手たちの成長スピードが遅くなってしまいます。

トライすることによって、今までやってきたことではダメだということに気づきますし、勝つために、成長するために、選手たち自身がそれを改善しようと努力するようにもなります。指導者側からあれこれ言う必要がなくなるんです。どういう問題が起きていて、それを修正するためには何が必要なのかということは実際にトライしてみないと分かりません。いくら言葉で伝えても、ピッチの中で実際にプレッシャーを感じないと分からないものなんです。

スタイルを変えてから、紅白戦がすごく激しくなりました。けが人が出るんじゃないかと心配になるぐらい、公式戦のような熱気でプレーするようになったんです。公式戦だけでなく、日々の練習でもトライし続けることが重要で、強度高く練習していくことが大事なんです。そして、その強度の中で正確にプレーすることが求められるようになります。だからこそ、精度を高めないといけないということを選手が肌で感じることができています。同時にリスクのかけ方も分かってきます。そういったことを自分で気づくことが大切なんです。東京国際大学もやっとそういう雰囲気になってきました。

正直なところ、新チームが動き出したこの時期は頭を悩ましている選手も多いです。特に新1年生は最初自信を失ってしまうことが多いのですが、そこを乗り越えた時に選手は急激に成長します。だからこそ、失敗をどんどんさせようとしています。

大事なことは同じミスをやらないように意識させること。たとえば一度ミスをしても、次に成功させることができれば、それは大きな成長につながるんです。それによって、プレーの幅が広がることにつながります。それが成長なんです。そのために我々指導者は選手たちに失敗を恐れさせない雰囲気を作らないといけません。成功させるためにどうするかを考えるべきなんです。そこが大事なんです。

また、そういった意識を1人だけでなく、チーム全体で共有しないといけません。そのためにも、選手同士が要求し合う関係が必要です。水戸ホーリーホック時代に指導した田中マルクス闘莉王みたいな選手がいるといいですよね。

自主的なごみ拾い活動

あと、もう一つ、大きな変化がありました。昨年から選手たちがグラウンド近隣のごみ拾いをするようになったんです。決して我々が指示したわけではありません。選手たちが自主的に行うようになったことに、驚かされました。

元々、ごみ拾いはサッカー部として毎年末恒例行事として行っていたのですが、日常からそういうことを率先して行うようになったんです。自分たちが好きなサッカーをできていることの感謝を、近隣の人たちに示していこうということで始めたそうです。そういう意識が出てくることはすごく大事なことです。指導者から強制されたら、誰でもやるんです。でも、サッカーというのは監督がベンチから指示を出しても聞こえない時があるので、自主的に判断して行動に移すことが求められるスポーツです。だからこそ、自分たちで判断して行動に移すことは重要な要素です。

近隣の人たちに少しでも喜んでもらえるように自ら考えて行動するようになった選手たちから成長を感じました。大事なことが分かってきたように思います。これもアクションを求めてきた成果なのかなと感じています。

サッカーで結果を出すことは大事です。でも、サッカーを通して、サッカー以外のことも学んでもらいたいと思っています。前述した走力測定の時の言動も含めて、選手たちの人間力というか、人間形成の高まりを感じています。そういう意味で、スタイルを変化させてよかったと思っています。

伝統と言えるサッカースタイルの確立

1部で2位になった昨季の主力選手の多くは卒業してしまいました。だからこそ、新たなシーズンは本当の意味で東京国際大学にとって重要なシーズンになると思っています。でも、やることは変えません。トライし続けるだけです。タレントの問題も

あるかもしれませんが、それを言い出すと、チームは元に戻ってしまいます。今、我々がやるべきはことは、自分たちのスタイルで勝つためのチーム作りを進めていくことです。指導者は常に結果を求められますが、最大の使命は選手たちを成長させること。そこを突き詰めていきたいと思っています。

明治大学や筑波大学と対戦して感じるのは伝統の差です。彼らは自分たちのサッカーに自信を持っていますし、どんな時でもブレることはありません。それは1年や2年で築かれたものではないのです。何十年もかけて、多くの先輩たちが戦って残してくれたものなのです。その強さが伝統校にはあります。

私は東京国際大学にもそれを作りたいと強く思っています。今、ようやく東京国際大学のサッカーの土台ができました。負けても、このサッカーを続けます。それが逆に大切なことで、負けるからリスクを負わないサッカーをするようになったら、チーム力は落ちてしまいます。ひょっとしたら、結果が出ずに解任されてしまうかもしれませんが、東京国際大学の伝統と言えるサッカーを作っていかないと、チームは強くなりません。指導者の能力で勝つチームではダメだと思うんです。東京国際大学のスタイルを出して勝つことが一番重要だと考えています。明治や筑波にはそれがあります。

でも、そんな明治や筑波に対して東京国際大学が勝つこともあります。それはきっと彼らに気後れせず、東京国際大学のスタイルでもある、積極的にボールを奪いに行っているからだと思います。

それはすごく大事なことだと思っています。ようやく、この大学の伝統のベースを作り始める段階に入ったような気がしています。

第 5 章

大所帯の理由

サッカーファミリーを増やしたい

現在、東京国際大学サッカー部の部員は400人以上います。2023年度新たに約110人の部員が入ることも決まっています。その数は関東1部の大学の中でも断トツの人数です。その理由について、よく聞かれるのですが、答えは一つです。

「日本サッカーのため」

その一言に尽きます。

先日、ある取材を受けました。それは2020年に逝去した元アルゼンチン代表のマラドーナについての取材でした。現役時代、日本代表としてマラドーナと対戦した時の思い出のコメントを出したんですが、その取材の中で世界と日本の違いについて聞かれました。そこで日本代表として行った様々な国のことを思い出しました。

当時、日本代表はよくドイツに行っていました。そこで感じたのはサッカーのレベルの差だけでなく、スポーツを取り巻く環境の差。スポーツが文化として根付いていることに驚かされたんです。それはドイツだけではありませんでした。ヨーロッパもアメリカも、日本代表として訪れた多くの国がスポーツを国としてすごく大切にしていたんです。でも、日本はそうではありませんでした。オリンピックやプロ野球など大きなイベントには注目が集まりますけど、それ以外はあまり報道されませんし、お客さんも集まりませんでした。

そして、最も大きな違いを感じたのが、日本ではスポーツは特別な人が行うものだという認識が強かったことなんです。つまり、アスリートだけがスポーツをするという印象を持っている人が日本には多い。ドイツをはじめとした海外ではアスリートだけでなく、誰もがスポーツをプレーして楽しんでいます。日常の中にスポーツがあるんです。だから、高齢者も子どもたちも気軽にスポーツを楽しんでいる。日本では特殊に思えるような光景が、ヨーロッパでは当たり前の光景だったんです。そこに私は衝撃を受けました。

川淵三郎さんが1993年にサッカーをプロ化して、地域密着型としてクラブを運営していこうとした狙いの一つとして、いろんな地域にスポーツを文化として根付かせることがあったと思います。全国各地に施設を作って、多くの人がスポーツを楽しめるようにしていこうとしたんでしょう。

日本は学校の授業で体育を行うため、グラウンドを持っています。でも、ヨーロッパは地域のスポーツシューレで専門の指導者のもとでスポーツを行います。それぞれのレベルに合わせて、時間も分けて行っていました。そういった活動は日本の環境を考えると、学校でしかできないと思うんです。そういう環境を整えることによって、日本にスポーツ文化が根付くと思うんです。スポーツを行うことによって、人間的に成長することができますし、体力もつけることができます。スポーツシューレのような施設を今から作ると、莫大なお金がかかってしまうので、今ある学校の施設を使っていくことが大切だと思うんです。学校の施設を有効に使うことが、日本版スポーツシューレになるんじゃないかと私は考えています。

大学のサッカー部の監督に就任する際、まず考えたことはそこでした。この大学でその環境を作ることができれば、日本のスポーツを変えることができると考えたんです。

東京国際大学の倉田信靖理事長はスポーツを通しての人間形成の大切さを強調されています。エリートのアスリートだけがスポーツを行う時代ではないと私は考えています。スポーツを行う人数が多ければ多いほど、頂点は高くなります。

サッカー部に所属している全員がプロになるわけではなく、プロを目指しているわけでもありません。サッカー部ではCチームだったかもしれないけど、社会人になってから休みの日にサッカーをしたり、子供にサッカーをさせたりするようになったら、サッカー界にとってはすごくいいことだと思うんです。つまり、サッカー人口が増えるんです。プロにならなくても、大学でサッカーをやっていたと胸を張って言えるような人を増やしたいですし、サッカーが楽しかったと言える人を増やしたいんです。それが日本サッカーを強くするために大事なことだと思っています。

もちろんレベルの高い学生だけを集めれば、強化しやすいと思います。でも、それではサッカー文化やスポーツ文化は豊かにはなりません。大事なのは多くの人にサッカーに興味を持ってもらうことであり、サッカーを好きになってもらうことなんです。サッカーを生涯スポーツとして発展させることも我々指導者の重要な使命だと考えています。

それが将来、日本サッカー界のためになると私は信じています。その環境をこの大学で作っていこうとしています。サッカー選手にならなくても、大学を出て社会人になって、サッカーに還元してくれるようになるかもしれない。たとえば、居酒屋でサラリーマン同士がサッカーの話をすることが普通になってもらいたい。そのためにもサッカー人口を増やさないといけないんです。サッカーファミリーを増やしていきたい。そのために東京国際大学は誰でもサッカー部に入れるようにしているんです。

公式戦に部員全員を出場させるための組織作り

サッカーを好きになってもらうためには部員全員を公式戦に出場させることが大切です。やっぱり試合に出ないとスポーツは面白くありません。そのためにも全員を試合でプレーさせたいのです。サッカーをはじめ、スポーツは実際に試合に出場しないと分からない部分が結構あります。チームワークの大切さや自分本位では勝てないこととか、集団の中で自分をどう活かすか、そして、活かされるかは試合に出ないとなかなか気づけません。

全国大会に出場するような強豪高校は100人以上の部員が所属していることが多く、そのうち大部分の選手が公式戦を経験せずに3年間を過ごすというのが実情です。また試合に出なくても応援団として頑張っている子どもを美談にするような報道もよく目にします。でも、その子にとっても、親御さんにとっても、試合に出られないのはとてもつらいことだと思うのです。試合に出られないことで、大好きだったサッカーが嫌いになってしまうかもしれません。

だから、この大学では部員全員を公式戦に出場させるための組織作りを行っています。全12チームを（各カテゴリー上限30名ほど）作り、約４００人の部員をレベルに合わせて、それぞれのチームに所属させ、週末にはリーグ戦に参加し、タイトルがかかった真剣勝負を全員に経験させていきます。

そして、12チームすべてにプロのコーチをつけて指導をさせています。大学には部活のほかに、サークル活動がありますが、サークルには専門の指導者がいません。それではサッカーの本質は伝わらないと思います。ちゃんと指導者がいる中で、次の試合で勝つためにしっかり準備をするという取り組みを繰り返すことが重要なんです。

そして、選手同士で切磋琢磨する風土も大切です。自分がうまくなって、チームを強くするという目的を持たないとサッカーの本質はなかなか理解できません。そういう形を作っていきたいと思っています。

サッカー部に所属する選手の約半分は高校時代レギュラーではありませんでした。高校時代に完全燃焼できなかった選手たちがこの大学に集まってくるようになっています。

説明会で保護者とお話するんですけど、保護者の方も『子どもが試合に出られない』ことに疑問を感じておらず、レギュラーになれなかったら当然試合には出られないものだと思っている方がほとんどでした。私はそれがおかしいと思っています。

指導者の人数や施設の状況もあって、全員に均等に試合経験を積ませることは難しいのは分かります。だからといって、それでいいなんてことはありません。満足に試合にも出れないのに遠征費やユニフォーム代などの出費が必要なチームもあるそうです。毎年、それだけ多くの出費が必要になると、どの家庭も家計が大変なことになってしまいます。私はスポーツをするために必要以上のお金がかかるということもできる限り避けたいと思っています。ということで、この大学はサッカー部としての活動に対しては、年間で5万円しかかからないようにしています。ユニフォーム代や遠征費、合宿費もいただくことはありません。

練習着を揃えるとお金がかかりますから、普段の練習着は何を着てもいいようにしています。そういうことも含めて、できる限り、家計に負担がかからないようにすることを考えています。家計の問題でサッカーをやらせることができない学生がいたら、可哀そうじゃないですか。また、サッカーをするためのお金を工面するためにバイトを一生懸命やるようになってしまったら、本末転倒です。そういうことも指導者は考えないといけないのです。説明会で活動費について話すと、「高校時代より安い」と驚かれる保護者は多いです。

我々の活動や理念を理解していただき、これだけの環境を揃えてくれる倉田理事長にすごく感謝しています。

真剣にサッカーをしないと、サッカーの難しさやサッカーのすごさが分からないんですよ。難しいから助け合いが生まれるし、その上で自分を表現しようとするようになる。そこで人間として成長できるようになる。それを選手たちが理解して、社会人になって、結婚して子どもが生まれた時、サッカーをやらせるようになる。サッカーを知っている人はサッカーをする子どもと会話ができるんです。そうやってサッカー人口を増やしていくことが大事なことだと思います。

エリートではなくても、サッカーをプレーする人が増えることが日本サッカーのためになる。それがいい選手を育てていくことにつながると思うんです。それには多くの人にサッカーの試合を経験させることが大事なんです。

今日来た子どもが明日も来たいと思う指導

試合に出られなかったり、指導者から怒鳴られたりした経験のある人はサッカーが嫌いになってしまうかもしれません。そういう子を作らないことも大事なことです。サッカーが嫌いになった時点で、その後の成長は止まってしまいます。

小学生に対しては９割褒めてあげて、１割課題を指摘してあげるぐらいがちょうどいいと思っています。今も子どもに対して怒鳴る指導者がいますが、理由が分かりません。そんな指導をしてその子がスポーツを嫌いになってしまったら、元も子もありません。

かつて、元フランス国立サッカーアカデミー校長で、ＪＦＡアカデミーの初代テクニカルアドバイザーのクロード・デュソーさんが言っていた言葉で印象的なものがありました。

「今日来た子どもが明日も来たいと思う指導をすることが指導者にとって大切だ」

私はその考えにものすごく共感しています。明日もサッカーをしたいという気持ちを持たせることが大切なんです。大学でも私はコーチ陣にそういうことを伝えています。

大事なことは1人でも多く、サッカーをして『楽しい』と思ってもらうこと。ただ、サッカーである限り、勝たないといけないので、そこは絶対にブレてはいけません。どの世代でも、どのカテゴリーでもやる限りは勝つ。そのためにどうやって力を合わせて戦うかを考えることが大事なんです。勝負にこだわらないというスタンスではサッカーの面白さは伝わらないと思います。そこは絶対にピントがずれないようにしたいと思っています。負けていいなんてことは絶対にありません。でも難しいところなんです。勝ちたい、強くなりたい。でも、全員を試合に出場させたい。それは矛盾しているようですが、そうではないんです。勝つために、全員を出場させた方がいい。時間はかかるかもしれませんが、それが強くなるための秘訣です。それをこの大学で証明したいと思っています。

大所帯ならではのチーム運営

約400名の部員が所属するサッカー部の組織をどのように運営しているのかについて、説明させていただきたいと思います。

男子サッカー部だけで12チームあり、そのほかにフットサルチームと女子サッカーの2チームが

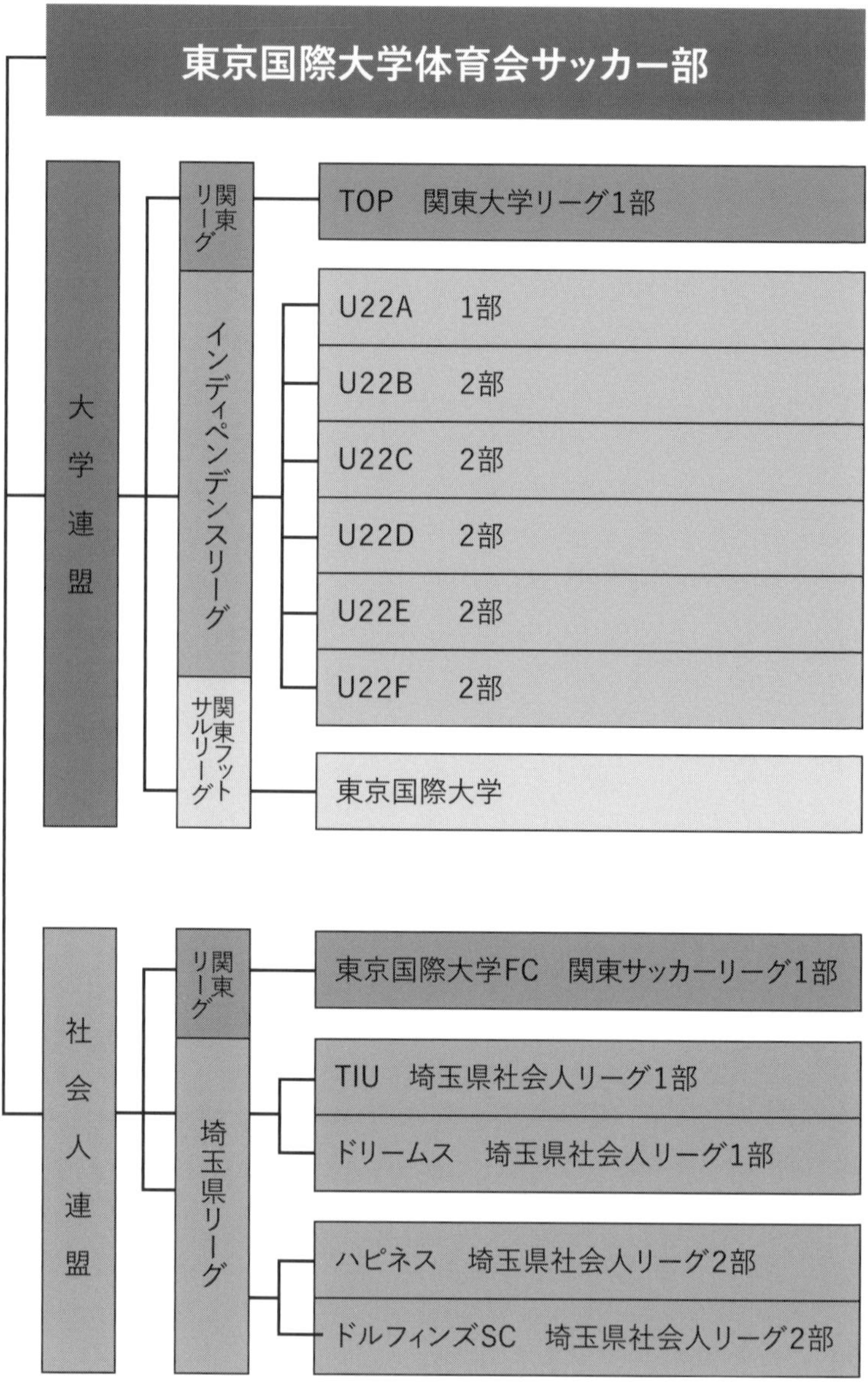
東京国際大学体育会サッカー部
大学連盟
関東リーグ
TOP　関東大学リーグ1部
インディペンデンスリーグ
U22A　1部
U22B　2部
U22C　2部
U22D　2部
U22E　2部
U22F　2部
関東フットサルリーグ
東京国際大学
社会人連盟
関東リーグ
東京国際大学FC　関東サッカーリーグ1部
埼玉県リーグ
TIU　埼玉県社会人リーグ1部
ドリームス　埼玉県社会人リーグ1部
ハピネス　埼玉県社会人リーグ2部
ドルフィンズSC　埼玉県社会人リーグ2部

あります。合計15チームです。そのすべてのチームに担当のコーチをつけています。コーチ全員、学校が雇っているプロの指導者です。

本校サッカー部は入部希望者は誰でも入れます。夏に練習会を2度開催しているのですが、セレクションと間違って参加する子もいるんですよ。練習会なのに、アピールしようと必死にプレーするので、けがをしないかヒヤヒヤしながら見ることがよくあります。東京国際大学サッカー部は誰でも入れるので、セレクションは行いません。

練習は朝8時から2時間ずつ3面のグラウンドを使って行っています。フットサルチームも入れて、午前中は7～8チームが練習します。午後は16時からスタートして、20時半まで練習しています。午後は女子チームが第3グラウンドを使用するので、毎日時間帯を分けながらグラウンドをフル稼働させて、練習を行っています。

50名分の選手寮も用意しています。カテゴリー関係なく、〝早い者勝ち〟で入れるので、説明会の時に申し込んでもらうようにしています。隣の建物にコーチ陣が住んでいるので、何かあった時にすぐに対応できるようになっています。

ただ、食事は提供していません。本来は選手寮を作って、食事まで管理してあげたいのですが、そこまでには至っていません。全員自宅から通ってもらうのが理想なのですが、それは難しい。体づくりにおいて、食事が大事なのは分かっているだけに、早急に解決しないといけない問題だと感じています。カテゴリーによって練習時間が異なりますし、大学生は食事の時間もまちまちなので、管理しきれていないんです。食事については現状の課題ですね。
選手が所属するチームに関して、年に2回ぐらい入れ替えを行うようにしています。基本的にはコーチ陣で話し合って決めていますが、本人の希望も聞くようにしています。『自分はもっとレべルを落としたい』とか、逆に『もっと上のチームでプレーしたい』ということを聞いて、決めるようにしています。ただ、選手が『このチームがいい』と指定することはできません。選手たちの意見を聞きながらも、所属するチームに関しては、私とコーチ陣で決めるようにしています。

誰でも入部ができる一方、毎年3割ぐらいは我々がスカウトした選手が入部してきます。もちろん、そういう選手がトップチームに入る可能性が高くなりますが、評価に関しては公平に見ています。結果を出せば、誰でも上のカテゴリーに上がれるシステムです。

一般で入学してきた子でも能力が高ければ、上のカテゴリーのチームに上がることができます。下のカテゴリーで頑張って這い上がってくる選手がいるので、上のカテゴリーの選手もうかうか

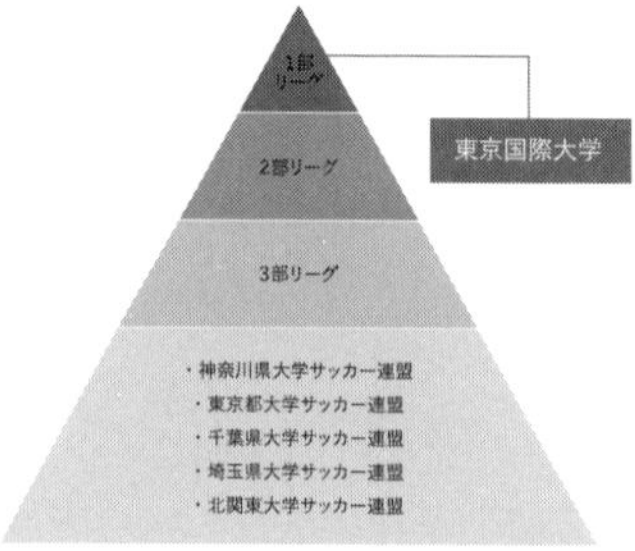

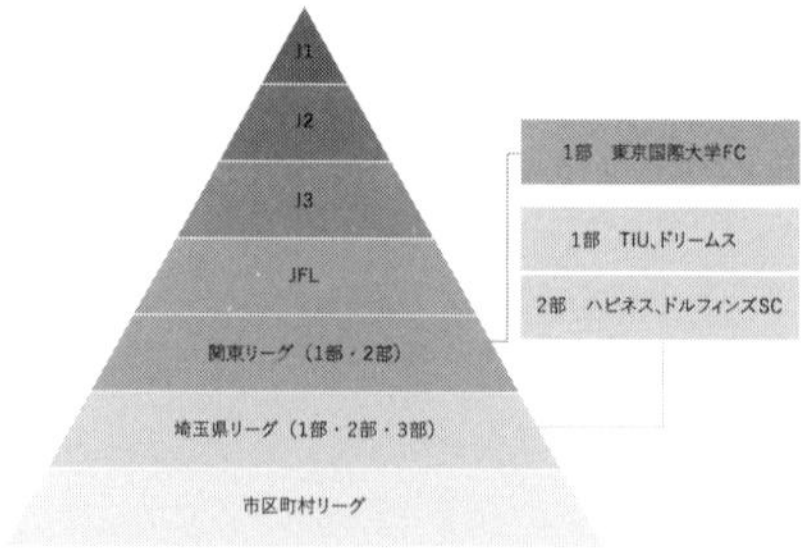

していられません。どこにチャンスが転がっているか分からないので、日々努力するしかないんです。常に選手の頑張りを見落とさないようにするために、各チームに指導者をつけているんです。そういうシステムがあることが選手たちを頑張らせているんだと思っています。下からの突き上げが選手層を厚くしている、そこが東京国際大学の強みだと思っています。

指導者の育成

とはいえ、12チームがすべて同じ戦い方やプレーモデルを志向しているわけではありません。私は選手だけでなく、指導者も育てたいと考えています。だからこそ、各カテゴリーのコーチがそれぞれ自分のサッカー観で指導をすることを大切にしています。なぜなら、そこに責任が生じるからです。やはり、結果の責任は指導者が取らないといけません。そのプレッシャーを感じながら、指導をしてもらいたいのです。『トップチームのやり方に合わせた』といった逃げ道は作らないようにしています。そうした自分のサッカー観を結果につなげるためにも、サッカーの知識を吸収することが必要となります。その上で勝負が出るわけです。コーチも評価されており、成功した人はカテゴリーが上がりますし、結果を出せなかった人は下がるようにしています。指導者の評価も厳格に行っています。

いい指導者になるためには経験が必要です。選手を成長させるためには、サッカーだけでなく、生活面の指導もしないといけません。選手たちの言動に常に目を配らせておかないといけない。この大学のコーチは中途半端な覚悟ではできないと思いますよ。他の大学には学生にコーチをやらせているところもありますが、それはこの大学では行っていません。お金をもらって生活するからこそ、しっかり仕事をするようになるんです。ボランティアでは責任が生まれませんから。我々は学生を預かっているのですから、すべての部員にしっかりした指導をすることが絶対です。そういう環境を我々は作っています。

指導者もせっかくこの大学に来たからには成長してもらいたい。この大学の指導がゴールではありません。ここからJリーグチームのコーチになるかもしれないし、実際にこの大学での指導を評価されてJリーグクラブからオファーを受けて、コーチに就任した人もいます。指導者として成長するために、自分のサッカーを試せる場をこの大学では提供しています。コーチが監督の言うことだけを聞いているチームでは面白くないじゃないですか。それぞれのコーチに責任を持って指導させて、そのための勉強をさせるようにしています。

とはいえ、コーチングスタッフがバラバラでは組織をオーガナイズすることはできません。だからこそ、採用する際に人間性の部分は重視しますし、また、信頼関係のある人に来てもらうようにしています。私がすべてをチェックすることはできませんから、私の考えを理解している人にもお願いして、採用を決めるようにしています。サッカー観が異なっても、私たちの考えを理解してもらわないと難しい。そこは人選するにあたって、大切にしています。

現在、東京国際大学では私のほかに8人のコーチと2人のGKコーチ、2人のトレーナーがおり、各チームに1人のコーチをつけるようにしています。ですので、部員が増えるたびにコーチも増やしていくという形で運営してきました。

チームを支える経験豊富なコーチ陣

まず、最初にコーチとして招いたのは武藤真一でした。彼はジェフユナイテッド市原（現・千葉）でプレーをしていて、当時から知っていました。その後、ジェフに10年半、大分トリニータに半年間在籍し、Ｊ１リーグ通算２０４試合に出場した経歴を持ちます。２００３年に現役を引退するのですが、その時に私がグルージャ盛岡の監督に推薦したんです。

現在Ｊ３リーグに所属する盛岡ですが、実は立ち上げに関わっているんです。それで監督として武藤を候補に挙げたところ、選んでもらえました。

当時社会人リーグだった盛岡の監督として指導者としてのキャリアをスタートさせることとなりました。そして、盛岡の監督を退任した後、岩手県の社会人チームの監督兼選手を務めたものの、そのクラブとも契約満了となり、そのタイミングで、東京国際大学の部員も増えだしたところだったので、コーチとして来てもらうことにしたんです。

その後もどんどん部員が増えていったので、コーチも増やす必要がありました。武藤の次に呼ん

役　職	氏　名	略　歴
監　　督	前田《マエダ》　秀樹《ヒデキ》	【選手歴】京都商業高校 → 法政大学 → 古河電工（現ジェフユナイテッド市原千葉）、日本代表 65 試合（キャプテン） 【指導歴】ジェフ市原ユース監督→横河電機監督 → 川崎フロンターレ育成部テクニカルディレクター → 水戸ホーリーホック監督
ヘッドコーチ	後藤《ゴトウ》　義一《ヨシカズ》	【選手歴】清水商業高校 → 中央大学 → 古河電工（現ジェフユナイテッド市原千葉）→ コンサドーレ札幌 → 横浜 FC 【指導歴】横浜 FCU-18 → アルテ高崎
コ　ー　チ	上原《ウエハラ》　陽一《ヨウイチ》	【選手歴】東京農業大学第一高校 → 東京農業大学 【指導歴】水戸ホーリーホックジュニアユース監督 → ザスパ草津U15 コーチ
コ　ー　チ	武藤《ムトウ》　真一《シンイチ》	【選手歴】仙台育英高校 → ジェフユナイテッド市原（現ジェフユナイテッド市原千葉）→ 大分トリニータ 【指導歴】グルージャ盛岡監督（選手兼任）→ FC ガンジュ岩手監督（選手兼任）
コ　ー　チ	岩舘《イワダテ》　侑哉《ユウヤ》	【選手歴】川崎フロンターレ U-18 → 水戸ホーリーホック → カマタマーレ讃岐 → TTM FC PHICHIT → ロイヤル タイ アーミー FC 【指導歴】カマタマーレ讃岐サッカースクール
コ　ー　チ	鈴木《スズキ》　和裕《カズヒロ》	【選手歴】市立船橋高校 → ジェフユナイテッド市原（現ジェフユナイテッド市原千葉）→ 京都パープルサンガ → 水戸ホーリーホック 【指導歴】NPO 法人スポーツアカデミー
コ　ー　チ	市瀬《イチノセ》　勇樹《ユウキ》	【選手歴】ジェフユナイテッド市原・千葉 U-18 → 東京国際大学→レノファ山口 FC → 栃木ウーヴァ FC 【指導歴】
ヘッドコーチ	境《サカイ》　大輔《ダイスケ》	【選手歴】田原 FC → BANFF FC → ROBOGATO → EXCELSIOR 【指導歴】バサジィ大分 → IKAI FUTSAL → BANGKOK GLASS FUTSAL → 田原 FC → IKAI FUTSAL → EXCELSIOR
ヘッドコーチ	石沢《イシザワ》　泰羅《タイラ》	【選手歴】上武大学 → アルテ高崎 【指導歴】クラッキサッカースクール → 明光サッカースクール → 調布 FC Jr.Youth → 都立日野高校 → 日本大学保健体育審議会サッカー部
G　Kコーチ	上田《ウエダ》　実《ミノル》	【選手歴】堀越学園高校 → サンフレッチェ広島 【指導歴】三菱養和サッカークラブ・正智深谷高校・正則学園高校・十文字学園高校 → ウイザス高校 → KOJIMA サッカースクール（FC HORTENCIA）
G　Kコーチ	星子《ホシコ》　泰斗《ヤスト》	【選手歴】Tauranga city United AFC → Sorrento FC → York region shooters FC → Kingston FC → Bischofswerda FC 【指導歴】Kingston FC リザーブ GK コーチ → Queens University GK コーチ → SC Borea Dresden U-19,U-17 GK コーチ
スカウティング	鬼塚《オニヅカ》　忠久《タダヒサ》	【選手歴】甲賀高校（現水口高校）→ 古河電工（現ジェフユナイテッド市原千葉） 【指導歴】水戸ホーリーホック取締役強化部長
ト　レ　ー　ナ　ー	稲田《イナダ》　信幸《ノブユキ》	【選手歴】アビスパ福岡→コンサドーレ札幌 → 静岡FC
ト　レ　ー　ナ　ー	小笠原《ゴトウ》　佑亮《ヨシカズ》	【選手歴】プロテニス選手専属トレーナー

だのが、後藤義一でした。後藤は現役時代、ジェフやコンサドーレ札幌、横浜FCで活躍した選手でした。現役引退後は横浜FCのU－18監督を務め、その後に当時JFLに所属していたアルテ高崎というチームの監督を務めていたんです。でも、クラブが経営難で消滅してしまったんです。その時、選手たちがサッカーを続けられるように移籍先探しに奔走した一方、後藤本人の行き場がなくなってしまったんです。後藤は現役時代からサッカーに対して真摯に向き合う選手でしたし、アルテの一件から分かるように、非常に選手思いで、指導者として必要な資質を持っていることが分かっていたので、誘ってみたところ、引き受けてくれました。

そして、もう一人Jリーガーとして素晴らしい経歴を持つコーチがいます。鈴木和裕です。市立船橋高校時代に全国制覇を成し遂げ、高校卒業後にジェフに加入しました。U－20日本代表として世界大会でも活躍し、その後、京都サンガF.C.でも主力としてプレーし、2007年に私が監督を務める水戸に来てもらいました。実は、水戸に移籍してくる際に我々が出した条件が「現役引退後、水戸でコーチに就任してもらう」ということでした。しかし、2007年に水戸の経営体制が変わり、そのシーズン限りで私の退任が決められ、さらに鈴木とのコーチ就任の契約も反故にされてしまったのです。あの時は本当に申し訳ないことをしたなと思っています。

現役時代は選手としてだけでなく、リーダーとしても素晴らしい活躍を見せていました。指導者としての才能を持っていることは分かっていたので、水戸での罪滅ぼしではないですが、あらためて、指導者として一緒に仕事をしないかという声をかけたところ、来てくれることとなったのです。

大事なのはコーチだけではありません。私は早い段階で専門のトレーナーを置くことを決めました。選手の体のケアやコンディション作りのためにトレーナーは欠かすことはできません。そこでアビスパ福岡やコンサドーレ札幌でトレーナーを務めていた稲田信幸にお願いをしました。それから10年以上もサッカー部のトレーナーを続けてくれています。一つの大学にこれだけ長く在籍するトレーナーの存在は珍しいとよく言われますが、それはすごく大事なことだと思っています。

トレーナーは技術や知識も大事ですが、信用が必要な仕事でもあるんです。コーチングスタッフと選手をつなぐ役割を担っており、私やコーチングスタッフとの信頼関係が必要なのはもちろんのこと、身体を預ける選手から信頼されていなければならないんです。それは決して短期間で築くことはできません。そして、トレーナーは外部のドクターや医療機関とのつながりも大事なんです。トレーナーがコロコロ変わっているようでは、ドクターも困ってしまいます。けがをした後、いかに早く処置できるかが大事ですから、関係を構築した上で連絡を取り合うことが重要なんです。そういう意味で稲田の存在はサッカー部にとって非常に大きいんです。

礎を築いた2人の存在

監督とコーチだけでは組織は成り立ちません。金銭面などをマネジメントする存在が必要だったんです。そこでお願いしたのが、東澤憲二さんでした。日本大学出身で、学生時代は年代別の日本代表にも選出された経験がある方です。私が日本代表時代、東澤さんは池袋でスポーツショップを営んでいました。サッカーが大好きで、サッカースクールを展開するなど普及活動に尽力されていた方ということで、当時から面識がありました。

東京国際大学サッカー部がここまでこれたのは東澤憲二さん（左）のおかげといっても過言ではない（右はトレーナーの稲田信幸）

東澤さんは仕事の関係上、いろんな学校と関係を持っていましたし、高校サッカー界に幅広い人脈を持っていたんです。その後、お店を畳んだという話を聞いたので、スカウトの役割も担ってもらおうと思って、来ていただくことにしました。

私が監督に就任したとはいえ、選手集めでは苦労していました。だからこそ、東澤さんの存在はとても大きなものでした。いろんな学校に足を運んで、監督さんとお話をして、選手に声をかけてきてくれました。

コロナ禍に入るまで毎年夏には全国の強豪校を集めて「東京国際大学フェスティバル」を開催していましたが、それも東澤さんの存在なくして、実現することはできませんでした。あのフェスティバルを通して、全国の高校に対して東京国際大学の知名度が高まりました。

残念ながら2014年に亡くなられてしまったのですが、東澤さんなくして、今の東京国際大学はありません。東澤さんのためにも、このサッカー部をさらに発展させなくてはいけないという思いを強く持っています。

ただ、やはり、サッカー部のマネジメントをしてもらう存在は必要なわけで、新たに誰かに来てもらわないといけないということで、すぐに人選を行いました。その中で候補に挙がったのが鬼塚忠久でした。

鬼塚は古河電工時代のチームメイトで、現役引退後は自分で建設関係の会社を立ち上げて経営を行っていましたが、私が水戸の監督に就任する際、強化部長として来てくれたんです。そこで二人三脚でチーム作りを行いました。

それまでは東澤さんが高校サッカーとの関係を築いてくれましたが、これからさらに発展していくためにはJリーグクラブとの関係を強化しなければならないと考えていました。Jリーグで強化部長経験のある鬼塚ならば、それができると考えて、声をかけたんです。実際、鬼塚が来てから、Jリーグのアカデミーとの関係は広がっていき、毎年多くの選手が来てくれるようになりました。

ハードだけでなく、ソフトの部分の充実も私はこだわっています。選手を集めて、ただサッカーをさせればいいというわけではありません。専門のコーチが指導することによって、サッカーを通した人間形成を行うことができるんです。そのためには身体のケアもしっかりしなければなりません。さらには組織としての運営も適当にするわけにはいかないのです。なぜなら、我々は大切な学生を預かっているからであり、彼らを選手としても、人間としても成長させることが我々の使命だからです。

学生の本業は勉学

大学ですので、本業は勉学です。だから、サッカーだけをしていればいいというわけではありません。我々もそこは強く意識しています。

毎月、理事長や各運動部の部長と監督が集まって報告する会議が設けられています。その場で監督は直近の試合結果と今後の予定を報告します。同時に部長は部員の単位取得などについて報告します。その中で授業出席数が少ない部員や単位が足りないような部員がいたら呼び出し、どういう指導をしたかについても会議で報告をするんです。成績が悪い部員に関しては常にチェックをしています。サッカーだけをやっていればいいというわけではなく、ちゃんと勉強をしているかをチェックしているんです。

単位の取得に対しても厳しくチェックしています。もちろん単位取得に関しては能力の問題もあるので、そこまで口うるさく言いませんが、授業の出席率が低かったら練習参加できないようにしています。

親御さんからしてみれば、大学に子どもを預けてサッカーしかやっていないようだと困ってしまうと思うんですよ。4年でちゃんと卒業をしてほしいと思っているはずなので、そのための指導をサッカー部として行っているのかは親御さんとしてはすごく気になることだと思うんです。部活と学校のコミュニケーションをあまり取らない大学もあるみたいですが、東京国際大学は部活と学校の関係性をすごく大切にしています。学業をしっかりやるから、部活ができていることを部員たちは理解してくれていると思っています。

授業と部活に専念させるため、アルバイトは原則禁止にしています。朝から授業に出て、その後、くたくたになるまでサッカーしていたら、アルバイトをする時間はないはずです。無理をしてバイトをすると、体を休める時間や睡眠時間が少なくなってしまいます。充分な睡眠をとらずに授業に出て、練習をすると、間違いなくパフォーマンスは落ちますし、けがをする確率が高くなってしまいます。ただ、家庭の事情や経済的な理由でバイトをしないといけない学生がいるのも事実です。その場合、夜遅くない時間や休みの日にシフトを入れるようにしてもらっています。ちゃんと報告がある場合のみ許可をしています。

またバイクや車での通学は禁止しています。練習が終わって疲れている時は集中力が落ちるので、事故の可能性が高くなります。それは自分だけの問題ではありません。他人に危害を与えてしまうことにつながります。その場合、一生その責任を背負っていかないといけなくなる。そうはさせたくないんです。

普段の移動は運動部専用のバスを出すようにしています。授業が終わったら、そのバスに乗って、練習場まで来れるようにしていますし、グラウンドから最寄りの駅までは徒歩数分の距離にあるので、公共交通機関を使って帰れるようになっています。

進路に関しては本人任せ

先ほども記したように、スカウトも行ってはいます。とはいえ、我々がスカウトをしても、『もう決まってます』と言われることが多いですし、他の大学を選んでしまうことも珍しくありません。基本的に他の大学と競合になったら負けてしまいますね（笑）。

ただ、練習参加をして、施設を見たり、練習の雰囲気を味わったりした子はうちを選んでくれることが多くなりました。

新入生として某Jリーグクラブアカデミーから数名来ることが決まったのですが、その子たちはみんな練習参加して、『東京国際大学に行きたい』と言ってくれたそうです。練習の雰囲気がいいみたいですね。すごく和やかで、上下関係もないですから。あとは、施設の充実ぶりを見て、来ることを決めてくれたそうです。

ここ数年、いろんなJリーグクラブのアカデミーからも選手が集まるようになってきています。それはチームとしての変化だと感じています。

そして今年は5名のJリーガーを輩出することができました。それぞれ、高校時代はそれほど注目される存在ではありませんでした。彼らも決して入学当初からプロを目指していたわけではないと思います。試合に出続けることによって、成長し、最後の1年で急に評価が高まっていきました。この大学には、そういう選手が多いのも特徴です。

たとえば、落合陸の柏レイソルへの加入内定は3年の10月に決まりました。落合のJリーグ入りが決まったことが、他の選手の刺激になったことは間違いありません。『僕もどこか注目しているチームありませんか？』みたいなことを聞いてくるようになりましたから（笑）。実際、他の選手に対しても練習参加を打診してきたチームはいくつもありましたが、あまり早くに言いすぎると、試合よりも自分の進路の方に頭が行ってしまうと思ったので、伝えるタイミングは考えるようにしていました。

Jリーグクラブから選手へのオファーはまず私のところに話が来るようになっています。基本的に練習参加の打診に関しては受けるようにしていますが、大学の試合もあるので、そのスケジュールに合わせて調整させてもらっています。それ以外のところではタイミングが合えば、どんどん行かせるようにしています。

落合に関しては、柏への加入が内定して、特別指定選手として登録された後、ルヴァンカップに出したいと言ってきたので、こちらの試合がない時なら構わないと伝えました。

彼らが大学で成長して、プロになるチャンスをつかもうとしているわけですから、チャンスがあれば、どんどん参加させてあげることにしています。

選手の進路に関して、相談されることはありますが、あまり『ここに行け』とかは言いませんし、クラブとの話に入ることもありません。Jリーグクラブのスカウトが来た場合、選手本人と直接話をさせるようにしています。最後は本人が決めることですから。アドバイスをすることはありますが、最終的には本人に決めさせるようにしています。

4年間在籍してもらうことは最低条件

ワールドカップカタール大会に出場した日本代表FW上田綺世選手（ベルギー／サークル・ブルッヘ）は法政大学を中退して、鹿島アントラーズに加入しました。でも、東京国際大学ではそれは認めていません。高卒でプロに行けなかった子が入学して、大学4年間で育てるという形で指導をしているからです。大学側も部員の成長に対して、投資をしています。施設を整えることや指導者を揃えることなど、環境作りに力を入れています。それらはすべて学生のために行っていることなので、ちゃんと卒業せずに中退してプロになるということを認めることはできません。4年間大学に在籍してもらうことは最低条件です。

でも、加入が内定した選手には特別指定選手として登録してもらえば、できる限り参加させようとは思っています。

この大学でプレーしてもらうために、その選手に対して、いろんな環境を整えているわけですから、この大学で卒業してもらうことは絶対です。自分一人で育ったわけではないのです。

中退の場合は卒業生にはなりませんから。この大学で育ったことが大学の実績とはなりません。そこを選手にも、Jクラブにも理解してもらっています。とはいえ、東京国際大学の場合は最初からそんなに注目される選手はいないわけですから、これからも4年かけて育てるというスタンスで指導を行っていくだけです。

チームで勝つためには、トータル的にレベルが高くないといけません。1人、2人すごい選手がいても勝てないんです。また、1人、2人すごい選手がいても、チームが結果を出せないと、その選手は能力を発揮できず、注目される可能性が低くなってしまいます。

これまでも毎年プロに選手を輩出してきましたが、今年はJ1クラブに2人の選手が加入しました。それはサッカー部の進化の証だと思います。チームとして勝つこともすごく大事ですけど、選手たちが最高峰のJ1クラブでプレーできるようになることも我々にとって大きな目標でもあります。

また、Jリーガーになった選手たちが後輩への希望にもなります。そして、プロになれるレベルが分かるんですよ。

ただ、プロサッカー選手になったとしても、数年で契約満了になってしまってはダメなんです。大事なのはプロになって活躍できる能力を身につけさせること。そこも考えて、選手を指導しないといけないと思っています。

日本一の規模のサッカークラブ

第3章でお伝えした通り、部員が100名を超えたタイミングで第2グラウンドが作られました。その際、併設してフットサル2面の大きさの人工芝グラウンドも作ったんです。ウォーミングアップなどに使うことを目的として作ったのですが、今はフットサルチームのグラウンドとしても活用されています。

就任8年目に関東大学フットサルリーグが設立されるという情報が入りました。そして、私のもとに「埼玉県の代表としてリーグに加盟しませんか？」という打診が届いたんです。その時、フットサルチームはなかったんですが、多くのチームがリーグ戦に参加して運営が整ってからだと1部リーグに加わるのは難しくなってしまうと考え、思い切って参加することを決めました。

サッカー部の中でフットサルに興味のある部員を集めて、サッカーにもフットサルにも登録してプレーさせたんです。それから継続してリーグ戦に参加して、今ではフットサル専門のコーチもいますし、フットサルをやりたくて入部してくる選手も増えました。現在はフットサルに専念する部員が20～30人います。

2022年はついに関東リーグで優勝しましたし、インカレに出場して、全国4位という成績を残しました。

2010年には女子チームを立ち上げました。2011年になでしこジャパンがドイツワールドカップで優勝を果たしましたが、その前年に作りました。女子サッカーが盛り上がるという予感がしたんです。そういう意味で、先見の明がありましたね（笑）。

何度も言いますが、日本サッカーにとって重要なのはサッカーを好きな人を増やすことであり、ファミリーを増やすことです。ファミリーに男子も女子も関係ありません。だからこそ、女子のサッカーを盛り上げるために、女子チームを発足させる必要があると感じていました。それで、女子チームを作ったのですが、翌年になでしこジャパンが世界一になって、大ブームを巻き起こすとは予想していませんでしたね。

女子チームは日本代表として活躍をした大竹七未を監督として招聘して、チームの強化に力を入れました。大竹監督は2年間で辞めることとなりましたが、チームの土台を作ってくれました。今では約50人の部員がおり、関東女子サッカーリーグ1部に所属しています。毎年、WEリーグやなでしこリーグに選手を輩出するようになっています。

男子サッカーだけでなく、フットサルや女子サッカーにも力を入れています。一か所で合計約500人が集まって活動しているのは日本で東京国際大学だけではないでしょうか？　日本一の規模のサッカークラブかもしれませんね。

様々な形でサッカーに貢献できる人材の育成

就任して15年、やっと組織作りが好循環してきたという実感があります。でも、同じことを続けるだけでは組織は停滞していきます。サッカー部を成長させるために新たなことにトライしていくことが求められています。できれば、もっと大学に貢献できることを見つけたいですね。

そして、選手としてだけでなく、将来指導者を目指している部員には地元の小学校や中学校で指導をさせてあげる仕組みを作ってあげたいと思っています。そうやって地域の方々にも還元していく仕組みを考えています。

東京国際大学ではC級コーチライセンスを取得できますし、レフェリーの講習も行っています。またトレーナーの勉強もできます。選手としてだけではなく、いろいろな形でサッカーに携わっていけるような環境を整えています。トレーナーの2人とも鍼灸の資格も持っているので、それも教えることもできます。

ちなみにJ2水戸ホーリーホックのトレーナー土井達也は本校サッカー部出身です。そういういろんな可能性を持って、やりたいことを学ぶことができる組織作りをしていきたいのです。これも一つの日本サッカーを強くするための重要なことだと思うので、今後も何かしらで貢献していきたいです。

近年、毎年トップチームからJリーグチームに選手を輩出するようになっていますが、サッカーの世界で活躍しているのはトップチームの選手だけではありません。たとえば、大学時代には関東社会人リーグに所属している東京国際大学ＦＣというカテゴリーのチームでプレーしていた選手２名がオーストラリアでプロサッカー選手として活躍しているんですよ。そのうちの１人はお父さんが陸上の元選手でとにかく走力がすごくて、そのずば抜けた能力をオーストラリアで高く評価されているそうです。２人ともオフに帰国した際には必ず大学に顔を出してくれます。そういう選手がいることは我々にとってすごくうれしいこと。これからも頑張ってもらいたいと思います。

また部員の就職に関して、大学側が手厚くサポートしてくれています。６年前からスポーツ部対象の企業説明会を開催してくれるようになりました。聞くところによると、スポーツ部の学生は企業側から人気があるようです。２０２２年度は12社が参加してくれました。

卒業生たちが就職した企業で活躍することによって、さらに就職の門戸は広がります。そういう伝統が徐々に出来つつあります。しかも、その説明会では卒業生が来て、学生に説明することも結構あるんです。卒業生が話すと、学生も真剣に聞くんですよね。

我々が教えているのはサッカーだけではありません。社会で必要なことを伝えているつもりなので、どの企業や組織でも、卒業生が頑張ってくれていることが私たちにとって大きな喜びです。

東京国際大学サッカー部は誰もが入れるようになっています。でも、入り口だけ広げておけばいいわけではありません。出口もしっかり整えてあげることが我々の仕事です。だから、就職に対してもできる限りサポートしていきたいと思っています。

先日、倉田理事長があるホテルで会合を行っていたそうです。その次の日に理事長から電話をいただきました。実は、そのホテルにサッカー部出身の選手が働いていて、理事長に挨拶をしに来たみたいなんです。理事長は大変喜ばれていました。

一般企業に就職する子も多いですが、消防庁や警察、自衛隊に入る部員も多いですね。東京国際大学では教員の免許を取得できるので、中学や高校の教員になる部員もいます。様々な分野で活躍する人材をこれからも送り出していきたいと思っています。

PENALTY

第6章

指導者としての使命

稀有な指導者人生

第2章で記した通り、私は現役引退後、指導者の道に進みました。そして、それ以降ずっと指導者として活動しているのですが、私は日本の中では稀有な指導者だと思っています。というのも、これまでジュニア年代からジュニアユース、ユース、大学生、プロのトップチームとすべてのカテゴリーで指導を行ってきたからです。そんな経歴を持った指導者は日本ではごくわずかだと思います。

さらに、私はサラリーマンとして働きながらも、日本代表として世界各地で試合をした経験もあります。ペレともマラドーナとも対戦したことがあります。今までサッカーを通して、本当にいろんな経験をさせてもらいました。それが私の指導者としての強みだと思っています。その経験を日本サッカー界に還元しなければならないと思って指導をしてきました。

私の指導者としてのベースは日本代表時代にあります。海外のチームと対戦して、日本に何が足りないのか。世界と何が違うのかを体験してきました。30年前からドイツの選手は攻撃的なポジションの選手でも守備はしますし、すごくハードワークしていました。でも、当時の日本は攻撃と守備が分断されていました。しかも、自分の得意なポジションでしかプレーできない選手がほとんどでした。そこに世界との大きな差を感じていましたし、そのままでは世界に追いつけないことに30年前に気づいていました。

当時、日本ではFWは点を取ればいいという考えが一般的だったのですが、私はずっと異論を唱えていました。ここ数年、やっとそういう考えが広まってきて、当たり前のようになっています。ここまで来るのに、30年かかりました。世界の一流選手と対戦した経験を伝えていくことが私の使命だと思い、現役引退後、小学生へのサッカー教室で全国を回りましたし、ジュニアユース、ユース、大学生、プロとすべてのカテゴリーを指導してきました。

選手の育成について大切なのは、18歳までに一人前の選手に育てばいいという意識を指導者が持つこと。

7歳からサッカーを始めた子がいるとすると、11年間で一人前にすると考えるんです。11年の間にいろんなことをマスターしていかないといけないのですが、これが途切れ途切れになってしまうと、意味がありません。

7歳から10歳までの間にやるべきこと、身につけておくべきことがあります。そうしたことをJリーグができた時にすべてのクラブで一貫指導をしていこうという方針が打ち出されました。でも、今は転換期が訪れているように感じます。

もちろん、クラブの特色を出すことは大切だとは思いますが、選手が一つのサッカーではなく、いろんなサッカーに対応できるようにするために、ベースとなる部分を育成年代でまず身につけておかないといけないと思います。だからこそ、年代別に教えるべきことをしっかり教えたうえでそれぞれの特色を出していくべきだと私は考えています。

自立の大切さ

私が指導者として感じたことは自立している大学生が少ないということです。監督やコーチからの指示を待つ選手が多いように感じます。

海外では、子供たち同士で指示を仕合い、良いプレイをした時には褒め、ミスをしたら励ましている光景をよく目にします。試合中、常に子供たちの声が飛び交っている姿が目立ち、自立心を育てる考えが強いように感じます。

文化の違いもあるとは思いますが、コミュニケーションをとることの大切さを理解させるように指導者が心がけることが必要だと思います。

おとなしいチームの空気を変えた闘莉王

田中マルクス闘莉王との出会いは衝撃的でした。水戸ホーリーホックの監督に就任した年に彼はサンフレッチェ広島から期限付き移籍でやってきました。後に日本代表に選ばれるくらいですから能力的には素晴らしいものを持っていましたが、正直、大変なことは多かったです。

加入当初、ゲーム形式の練習でセンターバックの闘莉王が中盤にパスを出した際、ボランチの選手が見てなくて、ミスパスになってしまったことがありました。それに対して、闘莉王が怒ってしまいました。でも、ボランチの選手はキャプテンで、闘莉王の言動に対して『誰に対して言ってんだ』といった感じで怒り返したんです。それでつかみ合いの喧嘩になってしまいました。

周りの選手たちが止めに入り、コーチが「どうしましょう?」と慌てて聞きに来たので、私は「放っておけ」と言いました。選手たちが止めに入ってなんとか喧嘩が収まったので、「早くゲームをしろ!」と伝えて、練習を続けました。

練習後に2人を呼んで、お互いの意見を聞きながら、闘莉王には「お前の言っていることは間違っていない」と伝えはしたものの、「ただ思ったことを言っていたら、チームがバラバラになってしまう。それでは困る」と言い聞かせました。

感情を表に出すことは闘莉王のいいところです。でも、一歩間違ったら、チームが崩壊してしまう危険性もあります。その両面を持った選手なので、怖さもありました。実際、高校卒業後に加入した広島ではそういった感情面をコントロールできず、活躍できなくて、J2の水戸に来たわけです。プロとして活躍するためにも、感情の出し方を彼自身が学ばないといけませんでした。

私が監督に就任した時の水戸は、チーム全体があまりにもおとなしすぎたんです。選手同士で要求し合わず、ミスが起きても傷のなめ合いのようなことをずっとしていました。言い合いをしろとまでは言わないけど、プロなんだから一つひとつのプレーに対してもっと要求し合わないとレベルアップしないし、勝てるわけがないと思っていたんです。

そんなチームにいきなり闘莉王という、ある意味〝異分子〟が加入してガーっと言うようになっ

日本人にはないハングリー精神と強いメンタリティーを兼ね備えていた田中マルクス闘莉王

たから、おとなしかったチームの雰囲気がガラッと変わりました。組織の中にいきなり異質なものが加わると、予期せぬ化学反応が見られるように、闘莉王の存在がすごく刺激になって、チームとしていい方向に行くと確信しました。だから、その時の喧嘩も止めませんでした。

サッカーでは、自分と相手の意図が合わずにミスになってしまうことがあります。そこで意志を一致させることができないとチームは勝てるようになりません。ミスが起きた時に、なぜ起きたのかを考えることが大事で、選手同士が意思の確認をし合わない限り、ベンチからどんな言葉をかけても意味がないんです。

水戸に闘莉王が来て刺激が生まれてようやく要求しようとする空気が生まれるようになったんです。選手同士で要求し合うようになったことで、チームとしての課題が浮き彫りになっていったんです。それが就任1年目で7位というクラブ史上最高の成績を残せた要因だったと思っています。

選手の個性を見抜いて育てる

サッカーをするにおいて、大事なのは自主性です。ベンチからの指示を聞いて選手が動いているようではダメなんです。選手がピッチの中でいろんなことに気づいて、選手が解決策を自分たちで導き出していくのがサッカーなんです。

選手たちに「周りの味方に要求しなさい」と伝えても、言えない選手が多い。なぜなら、言うと自分がミスをした時、周りから指摘される可能性が高くなるから。そういう守りの発想になる選手が多い。ミスをしないように、ミスを指摘されないように意識する選手が多いのではないかと思います。

でも、そうしたメンタリティーはサッカーという競技には合っていません。海外から来た選手は「俺が、俺が」じゃないですけど、アピールしますよね。それはサッカーではすごく大事なことなんです。だから、そういう雰囲気を作ってあげるのが大切です。

監督をしている時、すごくジレンマがあるんです。選手たちは味方に要求をしないし、思っていることを言わない。自分から発信できる選手が少ない。それが自然にできる選手が揃っているチームは本当に強い。昨シーズン優勝を争った明治大学にはそういう雰囲気があるように感じます。高校時代、中心選手としてプレーしている選手が多いのも理由だとは思いますが、選手一人ひとりが自信を持っているんでしょうね。東京国際大学に来る選手たちはたいてい高校時代中心選手ではなかったので、発信力が弱く感じます。そこは明治との数字に表れない大きな差だと思います。

そんな日本の文化の中で闘莉王は異質な存在でした。彼はプロサッカー選手として日本で成功するために16歳でブラジルから日本に来たんです。覚悟が違いますよ。ここで成功しないといけないという危機感が強く、プロ意識が高かった。チームの結果によって、自分の人生が変わってしまう、そういったマインドを持っていました。そこは他の日本人と決定的に違いましたね。

日本人選手はピッチに立ったら、チャンスをモノにすることの重要さを感じ取れていない甘さがありますし、ハングリー精神も足りない。スポーツでは負けず嫌いであることやハングリーであることが必要で、勝つためにも、成長するためにも、それがないとダメだと思います。

では、日本の文化の中で闘莉王のような選手を育てることができるでしょうか。むしろ、闘莉王のような選手を押さえつけてしまう傾向があるように感じています。メジャーリーガーの大谷翔平選手がいい例ですけど、昔の日本ならば、プロの世界で二刀流をさせてはくれなかったでしょう。

ピッチャーならピッチャーをやらせていたと思いますし、個性を押さえつけられていたと思います。でも、栗山秀樹監督（当時）は大谷の個性を大事にして育てました。だから、周囲の批判的な意見にもブレず、前例のない二刀流をトライさせたんだと思います。

ある意味、闘莉王は「サッカー界の大谷」と言えるかもしれません。基本はセンターバックでプレーしながらも、状況によってFWでもプレーさせていましたから。しかも、水戸時代はチーム最多得点(10点)を記録しました。まさに二刀流です。そういう意味でも闘莉王の存在は日本サッカー界において画期的だったと思いますし、DFとしての能力だけでなく、点を取れることも闘莉王の評価を高めた大きな要因でした。

特に育成年代を指導する時、選手をチームのやり方にハメるのではなく、選手の個性によって、チームの方向性を決めていくのが大事だと私は考えています。指導者によって、選手は大きく変わるんです。あそこで私が闘莉王を押さえつけていたら、日本で成功することはなかったと思います。

その後、闘莉王は水戸から浦和レッズへ移籍して、日本代表のセンターバックとして活躍しました。それだけのポテンシャルを持っていたんです。でも、水戸に来るまで、そのポテンシャルを発揮できてはいませんでした。広島で活躍できず、他のチームへの移籍を考えていたそうですが、どこも獲得の意思を示さなかったため、水戸にやってきたんです。

当時の水戸は河川敷にある雑草が生えたようなグラウンドで練習をしている環境でした。それでも、闘莉王は「ここから這い上がる」という強い覚悟を持って、日々の練習に取り組んでいました。そのサッカーと向き合う姿勢を見て、彼はすごい選手になると確信しました。

雑草の生えたようなグラウンドではボールコントロールするのが大変です。周りの選手はミスを連発しているのに、闘莉王はその状況下でもしっかりコントロールし、正確にボールを蹴っていました。そのプレーを一目見てすごい選手だと分かりました。指導者をする限り、そういった才能を絶対に見落とさないように気を付けています。

選手は指導者との出会いで変わります。選手の将来を変えてしまうぐらい大きな責任を指導者は担っているのです。それを絶対に忘れずに選手と接していかないといけないのです。闘莉王との出会いはまさに私にそれを気づかせてくれました。

東京国際大学の選手も高校時代まで高く評価されなかった選手がほとんどです。鹿島アントラーズに進んだ師岡柊生は他の大学のテストで落ちて、行く大学がなくて、東京国際大学に来たんです。選手にとって、自分の能力を認めてくれる指導者との出会いは重要です。本人の努力ももちろんありますが、指導者も見る目を養うことが求められます。そのためにも経験が必要です。

私の場合、すべてのカテゴリーの指導をした経験があるので、選手たちのレベルに合わせたハードルを課すようにしています。また、日本代表としてプレーした経験もありますし、Jリーグチームで監督を務めたこともあるので、プロになれる基準も理解しているつもりです。それは技術だけの問題ではありません。性格や考え方なども含めて、選手の資質を見極める能力が我々指導者には求められていると思っています。

守備への意識の低さが世界との差

自分が日本代表としてプレーしている時、最も世界と差を感じたのは守備でした。指導者としてサッカーを見る立場になった今もその考えは変わっていません。現役時代、日本代表でも攻撃は攻撃、守備は守備と分かれていました。

当時の代表には木村和司、金田喜稔、戸塚哲也、風間八宏など攻撃能力の高い選手がたくさんいました。でも、海外の選手と比べて、守備の意識の差が大きかったように感じました。

当時の日本代表は攻撃のボールを奪われたら守備の選手がカバーしないといけなかったんです。攻撃の選手は攻撃をするだけで終わってしまう。センターバックやボランチでプレーしていた私は攻撃陣のカバーをする役割を担わされていました。だからこそ、日本人選手の守備意識の低さを痛感していました。

一方、守備しかできない選手も多かった。それではダメなんです。守備もできて、攻撃もできるようにならないといけません。私が日本代表としてプレーしていた当時からヨーロッパの選手は当たり前のようにその意識を持っていました。でも、日本代表は攻撃の選手は攻撃だけ、守備の選手は守備だけと分かれていました。それが世界との差だと感じていました。センターフォワードは守備の意識が低い時代でした。40年前から私はそれでは世界では勝てないと、その考えに異論を唱えていました。日本代表に選ばれる選手は、攻撃も守備もして、3つのポジションをこなすユーティリティーな選手でないと世界では勝てるようにならない。そう言い続けていたのです。

当時、サッカーがメディアに取り上げられることは少なかったのですが、取り上げられる場合でもいつも攻撃的な選手ばかり。木村和司の韓国戦のFKが語り継がれていますが、もちろん、彼は素晴らしい能力を持った選手でしたが、彼の守備の負担をほかの選手がカバーしていたことも忘れてはいけないんです。サッカーは野球のように、攻撃の時間と守備の時間で分かれているわけではありません。攻撃も守備も求められるのが、サッカーなんです。

ここ数年、だいぶ日本のサッカーも変わってきました。世界との差は徐々に近づいてきていると思います。とりわけ日本代表の前線からのFWの守備の連動性は素晴らしいと思います。ただJリーグのユースまた高校生では課題を抱えているチームが多いように見えます。日本は技術の高い選手は増えてきたが、守備に対する意識はまだまだ物足りなさを感じます。

守備で大事なのはチーム全体の距離感

守備の基本はボールを奪いに行くこと。簡単なことです。ボールを奪いに行くということは、相手に近づかないといけません。でも、容易に近づいたら、簡単にかわされてしまいます。それでもついていかないといけない。それを繰り返すことによって、間合いやタイミングをつかめるようになるんです。

また、ボールを奪いに行くと、運動量も筋力も消耗します。強度の高い守備は負荷がかかるのです。それを厭わずにやり続けたうえで、攻撃の能力を発揮できるような選手を育てていかないといけません。世界ではそれが当たり前ですから、日本ももっと求めないといけないと思っています。

それができるようになった選手が世界で結果を残せているんだと思います。できなければ、現代のサッカーでは通用しません。簡単にゴール前に侵入されてしまいます。

海外の選手は間合いが全然違うので、対応が難しいんです。ボールを奪いに行ってかわされたら、すぐに数的優位の状況を作られてしまう。かわされてもついていく力をつけないといけないんです。

しっかりとした守備をするために組織として大切になるのがチーム全体の距離感です。抜かれた時に次の選手が対応できる距離感を保たないといけない。そのためにもコンパクトにしないといけないのです。

攻撃の時はコンパクトにするよりも広がった方がいいわけですが、ボールを持って広がった時に奪われたら、ピンチになるわけです。そこのバランスをどうするかがサッカーにおいて一番難しいところです。一番効率的なのは、Jリーグでは川崎フロンターレのサッカーだと思います。ボールを奪われても、すぐに奪い返しに行ける距離感を誰もが分かっているように感じます。一時期のヴィッセル神戸もそうでした。イニエスタを中心にいい距離感で戦えていました。

チーム作りは攻撃と守備の両面を考えて行わないといけません。バルセロナでさえ、ボールを奪われたらすぐに奪い返しに行くバランスを大切にしています。

とはいえ、ほとんどの選手が守備はやりたくないんです。つらいし、疲れるし、大変ですから。一方、攻撃は楽しいですし、攻撃で上回れば試合に勝てると思っている選手も多いはずです。だから、守備を指導するのは難しいんです。

ところが、サッカーは守備がよければ勝てるんです。そこを理解させることが重要なんです。現在、東京国際大学は守備を重視した戦いをしているわけではありませんが、守備をベースにしていないといい攻撃はできないことを選手たちには伝えています。そこをチーム全体で理解していないとチームとしていい守備をするのは難しいからです。

体力がある時間はどのチームもいい守備はできます。でも、体力がなくなってくる試合終盤には間延びしてしまい、そうなるとチームとしてはきつくなります。90分間、一定の距離を保つことができるのが本当に強いチームです。そのレベルまで求める必要があります。そのためにはピッチ内でバランスを取るリーダーが必要です。インテリジェンスが高く、チーム全体を見渡せる選手を育てることがチームを強くする近道でもあります。

ジェフ時代の教え子たち

私の指導者生活のスタートはジェフユナイテッド市原（現・千葉）のアカデミーでした。4年間にわたってユースとジュニアユースの指導を行い、山口智をはじめ、日本代表として長く活躍した阿部勇樹、シドニー五輪日本代表で活躍した酒井友之や村井慎二、山岸智（現・アレスアスナロフットボールクラブU－15監督）、山本英臣（現・ヴァンフォーレ甲府）ら多くの選手をトップチームに昇格させました。

阿部に関しては、育てたというより、よく一緒にボールを蹴り合った関係と言った方がいいと思います。私がユースの時に阿部はジュニアユースに所属していました。

誰を上に引き上げるかを判断することもアカデミーの指導者の役割です。阿部はジュニアユースながらも、ユースの選手に負けない能力を持っていたので、ユースの練習に呼んで、よく一緒にボールを蹴っていました。阿部も山口も、キックがうまくてパスの精度が高いことが特長でした。正確なキックについては最も熱心に教えたことでした。伸び盛りの時期に何を教えるかが大事なんです。当時、日本サッカー界はJリーグを創設し、アカデミーから一貫指導をしようという流れができいました。私はユース年代を指導するにあたって、キックの精度についてこだわって指導しました。それがトップに昇格した後、彼らの武器になりました。

また、当時は日本のサッカー変革の時で、これから世界で通用する選手になるためにはユーティリティーな能力を求められていました。要するに3つぐらいのポジションをこなせないといけないという方針があったのです。それが世界のスタンダードになっていたので、山口や阿部、酒井たちには、ボランチ、センターバック、サイドバックなど複数のポジションができるような選手になるよう求めました。

何度も言いますが、守備の選手は守備だけやればいいのではなく、攻撃もやらなければいけません。ボランチは守備だけでなく、精度の高いパスを出せないといけない。それができる選手はどの監督のもとでも起用されるようになります。そういったユーティリティープレーヤーに必要な能力を身につけさせるための指導に力を入れました。それができたのも、私自身がそういう選手だったからでしょう。現役時代、GK以外のすべてのポジションでプレーした経験を活かして、彼らに指導しました。

これまで多くの選手を指導してきましたが、大きく成長する選手に共通しているのが、サッカーに対して情熱や熱心さを持っていること。そして、素直な性格であること。ジェフ時代に指導した選手はみんな、すごく素直で、教えたことをどんどん吸収していきました。手本を見せると、すぐにトライして自分のものにしていくので、こちらも教えがいがありました。

また、彼らは本当にチームのことを考えて行動することができました。だから、プロになってからもリーダー的な存在になっていったんだと思います。山口は現在J1湘南ベルマーレの監督を務めていますから、それだけの資質があったんだと思います。

それと、当時のJリーグクラブのユースはテクニックを重視して、フィジカルを鍛えているチームが少なかったように思います。でも、私はガンガン鍛えさせました。それがプロになってから活きたのではないでしょうか。

私自身、フィジカルに関しての知識はありますが、指導はできないので、日本サッカーにおけるフィジカルコーチの第一人者とも言える池田誠剛（現・蔚山現代FCフィジカルコーチ）を連れてきて、ユース年代からしっかりフィジカルトレーニングを行うようにしました。当時、ユースチームでフィジカル専門のコーチを置いていたチームはほとんどなかったと思います。

世界で通用する選手を育てるためにはフィジカルを鍛えなければいけません。プロになってからでは遅いんです。ユース年代の時からしっかりとした体づくりをしないとダメだと思っていたので、徹底的にやらせました。池田の指導のもと、ユース年代で鍛えるべきフィジカルをみっちり鍛えていきました。それが、その後の千葉のベースを築いたと思います。

私がアカデミー時代に育てた選手たちが後にイビチャ・オシム監督の指揮するチームの主軸となり、「オシム・チルドレン」と呼ばれるようになりました。その時はすでにジェフを離れてはいましたが、嬉しかったですね。

私が指導して成長させた選手には共通点があります。「攻守両面の能力が高い」「複数のポジションでプレーできる」「キックを正確に蹴れる」といったことです。私の考えとオシム監督の考えが共通していたからこそ、オシム監督は彼らを重宝したんだと思います。彼らの活躍を見て、自分の指導理念が正当化されたような気がしました。

成長する秘訣は失敗を恐れずトライする

これまですべてのカテゴリーの指導をしてきましたが、大学生が一番難しいように感じています。プロを目指している選手とそうではない選手が混在しているので、方向性を一つにすることの難しさがあるんです。

チーム全員にどのようにモチベーションを持たせるか、そして、4年間維持させることができるか。この経験がサッカー以外に結び付けられることをちゃんと伝えてあげることが大切だと思います。東京国際大学では、今しかない人生を精一杯頑張らせることを意識しています。自分のためにやらなきゃいけないということを考えてやってもらいたいと思います。

柏レイソルに加入した落合陸は大学4年間で大きく成長しました。入部当初、彼はミスの多い選手でした。でも、自分がやらないといけないという気持ちが強く、ミスをしても下を向くことなく、どんどんトライし続けたんです。その結果、徐々にミスが減り、自分の長所をピッチ内で表現できるようになりました。そうした彼の姿勢が周りの刺激となり、チーム全体にトライする空気が生まれていったんです。チームにとって大きな存在でした。

彼のように失敗を恐れず、たとえミスしても自信を失わずにトライできる選手はグンと伸びます。

でも、いくら指導してもなかなか自信を持てない選手もいます。そうした選手に対して、どう声かけすれば自信を持ってトライするようになるのか、その声のかけ方はすごく難しいです。

大学にはいろんなレベルの選手がいるので、かける言葉の使い分けをかなり意識しています。

第 7 章

大学サッカーの立ち位置

日本のスポーツ界を変えていく大きな要素

我々の時代と比べて、今の大学サッカーは大きく変化しています。我々の時代は指導者も少なく、学生同士で練習を考えているチームが多かったと思います。またグラウンドなどの施設面においても今とは雲泥の差でした。

日本サッカーはこれまでドイツを参考に発展をしてきました。ただ、前述の通り、ドイツでは学校でスポーツをすることはありません。人口1万人に対して、1つスポーツシューレがあります。そこで様々なスポーツを体験できます。

30年前、川淵さんがJリーグを作るにあたって、プロ野球のような大企業に抱えられる形で運営するのではなく、地域密着型のクラブ作りを目指しました。その方針は一定の成功を収めたと思います。

トップチームだけでなく、アカデミーチームを持つことも義務付けて、育成にも力を入れました。それによって育成からトップに選手を昇格させるシステムができました。

しかしながら、高卒選手がすぐにプロで活躍できるケースは少なく、主力に定着するまで3～4年かかることがほとんどです。芽が出る前にカテゴリーを下げて、J2やJ3のクラブに移籍する選手や契約満了となる選手が多いのが現状です。そういうことが続いたため、高卒選手の獲得が減っていきました。そして、高校やユースの有望な選手が大学に進学するケースが増えたのだと思います。大学が受け皿になったのです。

そういう流れの中、大学サッカーの位置づけが徐々に変わってきました。最近はプロの指導者が監督を務める大学も増え、レベルが飛躍的に上がっています。そうした状況を踏まえると、今までのJリーグが考えてきたヨーロッパ方式の見直しが必要なタイミングなのではないかと思います。

今や大学が日本のスポーツを変えていく大きな要素となっています。それはサッカーだけではありません。いろんなスポーツで大学所属の選手がオリンピックに出場するケースが増えています。日本スポーツ界における大学の位置づけはこれからさらに大きくなっていくでしょう。東京国際大学を見て分かるように、プロ顔負けの良い施設が備わっていますし、指導者のレベルも上がっています。そういった中からいい選手が育つんです。

試合経験を積み、成長を促す場所

現在、日本サッカーにおける大きな問題として、19歳から21歳の選手の育成が挙げられています。ヨーロッパのスカウトは主にこの年代を見ていると言いますし、その年代で試合経験を積むことが選手の成長にとって非常に重要なのです。でも、高卒でプロに入った選手がその大事な時期に試合経験を積めず、成長が停滞してしまうというケースが後を絶ちません。

Jリーグ創設から2009年までサテライトリーグという2軍戦のようなリーグ戦をJリーグと

して運営していましたが、日程調整や経費の問題などの理由で廃止となってしまいました。ヨーロッパではトップチームのほかにU－21などの若い選手主体のチームを作って、リーグ戦を行うことによって試合経験を積ませています。サテライトリーグがなくなった日本の場合、その役割を大学が担っていると思います。日本サッカーが強くなるためにも大学サッカーのレベルを上げていかないといけません。同時に、優秀な指導者と良い環境が整備されていないといけないと思います。だから、これからスポーツシューレのような施設を大学が作っていく時代になっていくのかもしれません。東京国際大学はそうした時代を先読みして、環境を整えてきました。その成果をこれからさらに発揮していきたいと思っています。そして、日本サッカーのレベル向上に貢献していきたいと考えています。

ただ、大学はあくまで学校ですから、学業を最優先しなければなりません。そこで選手たちは将来のビジョンを考えるようになります。プロになってサッカーを続けるのか、選手自身に判断が求められます。もちろんサッカー以外の道を進む選択肢も与えられますし、違う道に進むための必要な知識も身につけることができます。日本独自のスポーツスタイルが確立されようとしています。それが世界に勝つための要素になる可能性を秘めていると私は考えます。

ヨーロッパのスポーツシューレや共産主義国のスポーツ施設などとは異なる日本ならではのスポーツ選手育成のシステムができようとしています。これはすごいことです。大学はプレーヤーとしてのレベルを高めるだけでなく、それ以外のいろんな研究をする環境も設備も整っています。そういう意味でも、大学の位置づけはこれからさらに大きくなっていくと感じています。我々の時代の大学とは全然違います。

たとえば、サッカーではラグビーや野球の「早慶戦」のような盛り上がりはありません。でも、東京国際大学をはじめ、歴史の浅い大学も着実に力をつけています。そこがすごく面白いところです。もはや伝統だけでは勝てなくなっています。競争が激しくなっていることはすごくいいことだと思います。進化の第一歩です。大学サッカー全体のレベルが上がっていることを私はすごく嬉しく思っています。

大学から世界の舞台へ

現在の目標はこの大学から日本代表選手を出すこと。でも、それは簡単なことではありません。選手個々のポテンシャルをさらに高める必要があります。理想は中学、高校と一貫指導ができること。選手の育成が途切れ途切れになってしまうと、なかなか難しいんです。高校までに教わったことを大学で変えるのが難しい選手がいるのも正直なところです。

全国大会に出場している学校では、中学年代のクラブチームを持って6年間指導しているチームが増えています。そういった形で中長期的に選手を育成していくことが大事だと感じています。大学までそういった一貫指導ができるようになれば、さらに選手を成長させられるという思いはあります。それはJリーグの下部組織と同じ理論ですけど、それを大学でもできるようになったら、もっといろんな人材を輩出できると思います。

かつては高卒でプロにならないと、海外で活躍して日本代表に入るのは難しいと言われていました。しかし最近は、三笘薫選手（イングランド／ブライトン）をはじめ、守田英正選手（ポルトガル／スポルティング・リスボン）など大卒の選手が日本代表に選ばれるようになっていますし、海外でも活躍できるようになっています。まず、海外に出て異なる文化でプレーする意義は大きいと思います。グローバル化が進む今のスポーツ界は世界から評価されないとダメだと思っています。我々の時代のように日本だけで完結していた時代とは異なります。

当時の日本代表選手でも、世界で通用する力を持った選手はいたと感じています。でも、当時は日本から海外に出ていくようなルートがなかったですし、そういう状況でもありませんでした。当たり前のように海外に行ける今の選手たちがすごくうらやましいです。三笘選手も筑波大学時代から『いい選手』だと思っていたら、すぐに海外に行ってしまいました。

日本代表に選ばれていなくても、日本人は世界的に評価を高めているので、オファーが届くようになっています。海外のスカウトから見られている状況が、選手たちの意識が高めているように感じています。頂点が見えるところにあったら、きっと頭打ちになってしまいますよね。でも、今はいくらでも上に行くことができます。バスケットボールもプロ化してから、急に意識が変わりましたよね。環境が変わることによって、レベルは高まっていくんです。大学から世界への道は確実に舗装されてきているのです。

独特のリズムを持っていた師岡柊生

今年、過去最多となる5人のJリーガーを輩出しました。これまで積み上げてきたものを評価されたと感じていますし、選手たちもこの大学の環境を最大限に生かして成長してくれたと思っています。これからさらに多くの選手をJリーグに輩出して、日本サッカーのレベル向上に貢献していきたいと考えています。

そこで、今年Jリーグ入りした選手のエピソードについて紹介したいと思います。

まず、鹿島アントラーズに加入したFW師岡柊生選手。師岡は山梨県の日本航空高校出身です。高校時代に大きなけがをしていたので、3年生の時にはあまり試合に出られなかったこともあり、それほど注目されませんでした。関東大学リーグに所属するある大学のセレクションを受けたのですが、落ちてしまったそうです。進学先が決まらないという状況で、東京国際大学の練習会に来たんです。

最初に見た時、イノシシかと思うぐらい、ボールを持ったらとにかく突進していくんですよ。ドリブルばかりでパスができない選手だなという印象でした。でも、ボールタッチが人と違うところにものすごく魅力を感じました。

鹿島アントラーズへ進んだ師岡柊生は独特のリズムを奏でるドリブルが持ち味

あまりにもドリブルで仕掛けすぎるので、けがをするんじゃないかという心配もありました。ボールタッチが速いから、相手に足を引っかけられたり、蹴られたりするんじゃないかと懸念していたんです。身体も特に大きいというわけではなかったので、最初のころはドリブルを止められることが多かったです。

ただ、彼は心肺機能が高く、1年の時にタイムランをしたとき、チーム全体の平均走行距離が3200メートルだったのですが、彼は3600メートル走っていました。化け物だと思いました。中長距離のランニングも速いし、瞬間的なスピードも兼ね備えた珍しい選手でした。

思い切って1年生から試合に起用してみたところ、すぐに点を決めたんですよ。リズムが他の選手と違うので、面白いなと思いました。けれども、プロになるためには、ドリブルだけではなく、相手を引き付けて、ボールをはたけるようにならないといけないなと思っていました。とはいえ、『パスを出せ』と言うと、彼本来の魅力がなくなってしまう。そこのバランスがすごく難しかったです。独特のドリブルのリズムが特長だから、ボールを取られたら意味がないけど、成長の過程でパスの判断もできるようになったら、もっといい選手になるよねと伝えていました。

彼にしかない特長は出し続けてもらいたいと思っていましたので、パスを出すように強制するつもりは全くありませんでした。

ターゲットマン・佐川と運動量豊富なボランチ・落合

東京ヴェルディに加入したFW佐川洸介は、セレッソ大阪U－18から来た選手です。毎年夏に群馬で開催されるユースの大会を視察に行った際、初めて見ました。大きいんですけど、動きの量が少なかった。でも、シュートの威力がすごかった。埼玉の実家から通えるということで、我々から誘って来てもらうことにしたんです。

東京国際大学は走らないと試合に使いませんから、と

187cmの恵まれた体格から繰り出されるシュートの威力が抜群だった佐川洸介

在学中から特別指定選手としてルヴァンカップに出場した落合陸

にかく走らせましたね。最初のうちはすぐに顎が上がっちゃって息を切らしながら走っていました。それでも走らせ続けました。1年生の時は走るのがよっぽどつらかったのか、落ち込んでしまうこともありました。練習にも参加しなくなった時期もあったほどです。それで2年生の時に一つ下のカテゴリーのチームに落として、少し余裕を持った状態でプレーさせてあげることにしました。

それが功を奏したのかプレーにも余裕が出て復調してきたので、3年生の時にトップに戻しました。それからは安定していいパフォーマンスを見せてくれるようになりました。ガンガン走って仕掛ける師岡とターゲットマンタイプの佐川という2トップのバランスはかなりよかったです。面白い2トップだったと思います。

柏レイソルに加入した落合陸は、柏U－18から入ってきたのですが、最初はそんなに目立った選手ではありませんでした。柏アカデミー出身ということで、技術に自信があったみたいですが、その技術をゲームで効果的に使うことができていませんでした。中盤で起用していましたが、ボールを失うことが多かったんです。どうやって彼を育てようか、すごく悩みました。

柏アカデミーのサッカーはポゼッションスタイルで、あまり動かなくても、ボールを動かせるようなサッカーをしています。でも、他のチームに行ったら、そのチームのスタイルに合わせないといけないんです。彼は最初それができていませんでした。ボールを奪うことができなければ、ポゼッションもできません。そこで、まずボールを奪うことを求めたのですが、ボランチとしてなかなかできるようになりませんでした。ただ、彼には運動量という大きな武器がありました。トップ下にして、とにかく動いてプレスをかけるように指示を出したんです。そうすることでボールを奪うことを覚えて、急激に成長しました。

柏のスカウトが試合を見に来た際、『アイツ、本当にうちにいた落合?』と驚いていましたよ(笑)。アカデミー時代と全然異なるスタイルでプレーしていましたから、ビックリしたのでしょう。ボールを奪う技術が高まったことにより、彼の評価はグッと上がったんです。

そして、柏の練習に参加した時、ネルシーニョ監督に気に入られて、すぐに獲得が決まりました。同じ時期に他の大学の選手が練習に参加していて、その選手を獲得するつもりだったみたいですが、落合のプレーを見て考えを変えたそうです。その後、明治大学との試合でゴールを決めて、また評価が上がり、大学選抜にも選出されました。

自分に必要なことを理解し、努力すること

選手の成長は一定ではなく、伸びる時にグンと伸びるものです。そのために必要なのは成功した時のイメージを持っていることだと思います。偶然ではダメなんです。自分に必要なことを理解して、それを身につければ、評価されるということを分かった上で努力を続ける。それで結果が出た時にグンと成長するんです。

落合はゲームを作ることより、守備を意識することによって大きく成長しました。レイソルで教わったサッカー観が変わったのでしょう。サッカーの幅が広がったことが、成長につながったと思います。大学で今までと異なるプレースタイルを受け入れる柔軟性を持ったことによって、評価されるようになったのです。自分でも変化や成長を感じていたことでしょう。だから、我々の言うことをしっかりと聞くようにもなったんだと思います（笑）。

もう一つ、選手を育てるために重要なのは欠点を見抜いてあげること。たとえば、佐川に関しては我々がずっと運動量について指摘をしていましたが、東京Vの練習に参加した際、城福浩監督からも同じことを指摘されたそうです。『だから、言った通りだろ』ということで、我々の言うことを聞くようになりました（笑）。私だけが言っているのではなくて、プロの指導者ならば誰が見ても同じ評価なんですよ、きっと。だから、プロになるためには欠点を直さないといけないと伝えているのですが、それをちゃんと理解させて取り組ませることができるかが分かれ道になると思います。

佐川の場合はプロの監督に言われて、素直に聞き入れることができたというか、我々の言っていることの正しさを理解してくれました。そういうものですよ。だからこそ、指導者の見る目は大事なんです。我々の言っていることとJリーグの監督が言っていることが全然違ったら、選手から信頼を得るのは難しくなってしまいます。だから、私も城福監督もネルシーニョ監督も、プロの指導者の見る目はそんなに変わらないんですよ。

今年4年生になったボランチの熊坂光希は昨年J1チームの練習に長期間参加していました。彼も落合同様、柏アカデミーでプレーしていたのですが、プレースピードに課題を抱えていました。でも、身体が大きくてダイナミックなプレーが得意で、すごく魅力的な選手です。彼をどうやって育てようかを考えた時、一度、トップのサブチー

新チームのキーマン・熊坂光希。守備の駆け引きを覚えればもっとすごい選手になるはず

ムに落とし、センターバックとしてプレーさせました。センターバックだとビルドアップであまり後ろを意識しなくていいので、そこでいかにテンポよくボールを動かすかについて学ばせようと思ったのです。

翌年にトップに上げて、次は落合のようにボールを奪いに行くことを鍛えました。徐々に守備に自信を持てるようになっていき、Jクラブのスカウトの目に留まるようになりました。それで、あるJ1クラブの練習参加に行ったところ、チームの外国人監督からすごく評価をされたそうです。

彼の場合、身体が大きい分、腰が高い。それで守備をするためには、駆け引きが必要になるのですが、まだ経験不足なところがあります。そこを身につければ、さらに成長すると思っています。そうした将来性を期待されて、現段階でもJクラブのスカウトから高い評価を得ることができています。

選手を育てるのには時間がかかります。佐川も落合も熊坂も一度下のカテゴリーに落として、時には違うポジションでプレーをさせて、勉強させました。そこで成長した姿を見せたら、再びトップチームに上げます。そのタイミングをしっかり見極めなければいけませんし、選手を育成するためには、そういう長い目で見た指導が必要だと思っています。

カテゴリーを落とすことで成長につなげる

気を付けていることはカテゴリーを落とすときに選手に対してその理由を丁寧に説明することです。それを怠ると、選手はショックで落ち込んでしまいます。

佐川に関しては、トップチームの厳しい要求が重荷になっているように感じたので、下のカテゴリーで自分のイメージを作り出させるようにしました。自分を整理してプレーすることが大事だと考えたのですが、それがよかったんだと思います。熊坂に関しては、レイソル時代と異なるスタイルを求められる中、最初は戸惑いを見せていました。ボランチの選手なので、360度を見渡しながらプレーしなければならないのですが、余裕を持ってプレーできず、視野が狭くなってしまい、彼本来の持ち味を発揮できていませんでした。そのため頭の中を整理させる意味でも、ある程度視野が制限され、ビルドアップがボランチほど難しくないセンターバックでプレーさせることにしました。

センターバックとしてプレーすることによって、守備力が身に付きますし、ボランチの選手がどういう動きをしたら、DFとして楽になるのかが分かるようにもなります。その経験を活かして、著しい成長を見せてくれました。

あとは対戦相手のレベルが落ちることによって、少し余裕を持ってプレーができるようになります。そうすると、自分のイメージが生まれてくるので、下のカテゴリーに落とすことも成長させるための重要な方法だと考えています。

負担がかかりすぎてもダメだし、楽すぎてもダメ。選手を成長させるためには、そのバランスをいかに取るかがすごく大事なところですし、難しいところです。東京国際大学はそれができるチームなんです。コーチングスタッフで情報の共有もできているので、下のカテゴリーに落としても、決して見捨てるというわけではありません。常に選手の情報を共有していますし、常にいろんな選手をチェックしています。大学はプロと違って、補強することはできないですから、選手を成長させるしかないんです。そこは難しさでもありますが、楽しいところでもありますね。

日本サッカーをメジャーにするために

ワールドカップカタール2022に出場した日本代表の登録26選手中9人が大卒選手でした。大学の影響力は着実に大きくなっており、大学サッカーは転換期を迎えていると思います。

プロへの道も、高体連からユースへ、それから大学卒へと変わってきています。そういう新たな時代のために、大学はどうしていくか。より日本サッカー界を支えるという意味で、大学の位置づけはこれからもっと大きくなると思います。それはサッカー界だけでなく、スポーツ界全般に言える事だと思います。大学サッカーがもっと脚光を浴びるようになると、日本サッカーはさらに変わってくると思います。

今後の目標は、前述しましたが、日本代表選手を1人でも輩出することです。私の人生を振り返ると、日本代表として学んだことは非常に大きいです。だからこそ、指導する選手たちにも日本代表を経験してもらいたいという思いが強いんです。それが私の大きなモチベーションとなっています。

もちろん、チームとして関東大学リーグで優勝したいという思いもありますが、そのためにもチームの総合力をもっと高めないといけない。まずは個の能力を高めていくことが重要です。選手たちを日々成長させて、いずれは日本代表に選ばれるような選手を育てたい。とはいえ、日の丸をつけるということは簡単なことではありません。でも、日の丸をつけることによって、意識が変わるんです。まずは1人でもいいので、そういう選手が出てきてもらいたい。

水戸ホーリーホック時代に私が指導した闘莉王

がその後、日の丸をつけましたが、そういう選手を輩出したことによって、チームは活気づきましたし、選手たちの意識が変わりました。東京国際大学でも日の丸をつける選手を育てていきたいです。

ようやく毎年Jリーグに選手を送り込むことができるようになってきていますし、今年はJ1に2人を加入させることができました。それがこの大学の伝統となり、さらに評価を高めることになると思います。そうすればどんどん能力の高い選手が来てくれるようにもなります。時間はかかるかもしれませんが、トライしていきたいと思います。

そう思っているのは、私だけではないでしょう。大学で指導する監督・コーチならば、誰もが考えていることだと思います。実際、プロの指導者が指導するケースが増えており、リーグ全体のレベルも年々上がっています。伝統校だけでなく、我々のような新興校の台頭もあり、競争力も高まっています。そうした切磋琢磨がリーグのレベルをさらに高めているように感じています。

ただ、このままでいいわけではありません。世界と日本の差は決して縮まっているとは思っていません。むしろ、世界の成長速度に遅れを取っているところがあります。だからこそ、より危機感を持って、伝統を大切にしながらも、イノベーションを繰り返していくことが大学サッカーにも求められていると思います。

日本のスポーツ界、日本のサッカー界をメジャーにしていくために、スポーツのやり方やあり方を見つめ直すことが必要です。スポーツの役割は何かというところを問いかけ直さないといけないと考えています。

そして、スポーツは社会にとって必要なのか、必要ではないのかと考えた時にスポーツが必要だということを多くの人に理解してもらう必要があります。だから、サッカー経験者を増やすことが大事なんだと私は考えています。サッカーを理解する人が増えれば、『必要だ』と言ってくれる人が増えるわけなんですよ。それが日本サッカーの未来を作ることにつながっています。

サッカーは日本において決してメジャースポーツではありません。その認識をサッカー関係者がもっと強く持たないといけません。そして、ファミリーを増やすための努力を、日本サッカー界はもっとやらなければなりません。プロ野球のニュースは連日テレビのニュースなど様々なメディアで発信されています。それは需要があるからでもありますが、古くから培われてきた野球文化があるからであり、メディア側にも、広告側にも、野球が好きで、野球の意義を理解している方がたくさんいるからなんです。そこに、サッカーと野球の大きな差を感じています。

結果と普及のバランス

東京国際大学として、競技としての取り組みにも力を入れていますが、普及という点にも力を入れているのはそれが最大の理由です。サッカーの輪を広げるために、東京国際大学は部員の枠を作らず、希望者全員を入部させることにしています。その結果、4年合計約400人の大所帯のチーム編成となっているのです。我ながら、すごい人数だと思います（笑）。

毎年100人以上が入部してくるので、10年で1000人以上のサッカーファミリーを生み出していることになります。すべての選手がプロ選手になるわけではありません。大事なのは、すべてのカテゴリーの選手がサッカーを好きであり続けること。卒業後にJリーグの試合を見に行くようになり、将来的に結婚をして子どもができた時にサッカーをさせて人口を増やしていってくれれば、サッカーはメジャースポーツに近づいていきます。注目度が上がることによって、見る人たちの目が肥え、批評が生まれます。

スポーツにおいて厳しい目は強くなるための秘訣でもあります。その目を養うためにも、経験者を増やすことが大切です。サッカーはどういうスポーツなのかを知ってもらうために、まずは経験してもらいたいんです。サッカーが上手でなくてもいいんです。1人でも多くの人にサッカーを経験してもらって、いろんなことを学んでもらうことが、日本サッカーの未来にとって、ものすごく大切な要素になると考えています。

普及活動はすぐに結果が出るものではありません。成果が表れるのは10年後か20年後かもしれません。でも、短期的なものではなく、長い目線で見ていく必要があると思います。

日本がワールドカップで優勝することはそんなに簡単ではありません。なぜ、ブラジルが強いのか。サッカーが国民に浸透していて、日常にあるからなんです。それが強さの秘訣だと思います。ブラジルに追いつくためにも1人でも多くサッカーを経験する人を増やすことが大切なんです。そして、サッカーを文化にしていくことが大事なんです。それをこの大学でやっていきたいんです。当然、勝利のために戦いますし、大会では優勝を目指します。ただ、私は結果がすべてではないと思っています。

もちろん、Jリーグに選手を輩出することも大事なことですが、それよりも1人でも多く、サッカーを経験して『楽しい』と思ってもらうことを大切にしています。ただ、サッカーである限り、勝たないといけない。そこは絶対にブレてはいけません。どの世代でも、どのカテゴリーでもやる限りは勝つ。そのためにどうやって力を合わせて戦うかを考えることが大事なんです。勝負にこだわらないというスタンスではサッカーの面白さは伝わりません。そこだけは絶対にピントがずれないようにしたいと思っています。負けていいなんてことは絶対にありません。

結果と普及のバランスは、非常に難しいところです。どの指導者も頭を悩ませる要素だと思います。勝ちたい、強くなりたい。でも、全員を試合に出場させたい。それは矛盾しているようですが、決してそんなことはないんです。勝つために、全員を出場させた方がいい。時間はかかるかもしれませんが、それが強くなるための秘訣です。

サッカーファミリーの輪

旧友の幸野健一がまさにその活動を続けています。彼はトーナメント戦を廃止して、全員が出場するリーグ戦の重要さを訴え続けてきました。
そして、「アイリスオーヤマプレミアリーグU－11」という全国各県でのリーグ戦による大会を発足させました。

その大会は3ピリオドで、各試合最低12名の選手が1試合1ピリオド以上に出場するというルールで行われています。仲間の応援をしているだけでは、サッカーはうまくはなりません。試合に出ないと、選手は成長しないんです。それが大事なんです。今まで私と一緒にサッカーを通して付きあっている人たちはそういう活動を積極的に続けています。それを私は誇りに思っています。

たとえば、栃木県の佐野市サッカー協会と1996年から交流があります。それまで佐野市はサッカー普及後進地区と呼ばれる地域だったのですが、サッカーを普及強化してい

旧友の幸野健一（左）はトーナメント戦を廃止して、日本最大の小学生年代のリーグ戦を開催している

こういう目的で1996年にサッカー教室を開催してほしいという依頼がきました。当時、私はサッカーの普及に力を入れていたので、喜んでその話を受けました。サッカー経験者だけでなく、初めてサッカーをするという子どもたちもたくさんいたのですが、そういう子でも楽しめるような指導を行いました。

サッカー教室を開催するにあたって私が要求したのは子どもたちだけでなく、指導者も集めてほしいということでした。指導者たちに私の指導を見てもらって、勉強をしてもらいたいと思ったんです。年代や能力に合わせた指導方法や能力が低い子にも面白いと思ってもらえるような仕掛けを考えることなど、「強化」と「普及」の両面の重要性を指導者の方々に説きました。また、教室後の懇親会でも、そういったことをしっかりと伝えさせてもらいました。私の考えに感銘を受けてくれた協会の方々が両方の活動に力を入れ続けた結果、今では佐野市は栃木の中でもサッカーが盛んな地域として名が知られるようになっています。

サッカー教室を行ったからといってすぐに劇的に変わるものではありません。でも、私が日本代表として世界で戦って感じた経験を様々な土地で、いろんな人に伝えることによって、それを聞いた方々がその地域で頑張って、サッカーを根付せていくんです。それがすごく大事なことだと考えています。佐野市には現在立派な人工芝のグラウンドが作られて、地域のサッカーの拠点としてさらにサッカーの輪が広がっています。

サッカーとともに生きてきた私の使命

日本代表でも、古河電工でも、チームメイトだった岡田武史は現在FC今治で地域活性化のために尽力しています。彼のような知名度のある人間がそういった活動に力を入れることはとても大切だと思います。地域でサッカーを根付かせようとしている人たちの大きな励みになっているはずです。実際、サッカー界全体に大きな影響をもたらしています。

私の場合、岡田のような大きなことはできませんが、自分のできることをしっかりやっていこうと思っています。前述の佐野市だけでなく、静岡県掛川市で活動する掛川JFCというクラブの代表を務める伊藤薫も古くからの知り合いで、同じ志を持って活動しています。

掛川市はサッカー王国・静岡県においてサッカー普及後進地区と呼ばれ、サッカーより野球の方が人気のある土地でした。そんな掛川で地道に活動を続けて、これまで500人以上の子どもたちにサッカーの楽しさを伝え、地域のサッカー普及に大きな貢献を果たしています。2002年の日韓ワールドカップの際、日本代表が掛川市でキャンプを行いましたが、伊藤が地域にサッカーを根付かせたことも無関係ではないと思っています。また、掛川JFCではJリーグを引退した選手を雇うなど、プロ選手のセカンドキャリア作りにも尽力しています。そうやって、サッカーで生活できる人を増やすことも大切なんです。

様々な地域で日本サッカー発展のために尽力されている人たちがいます。日本代表の監督やJ

リーグの監督だけでなく、そういった方々も日本サッカーを支えているということを私たちは忘れないようにしたいですし、そういった方々が増えることによって、日本サッカーはさらに強くなっていくのです。サッカーが強くなるためにも、パイを大きくすることが大事なんです。経済もそうですよね。ヨーロッパが強いのは人口が多くなくてもパイが大きいからなんです。そのためにも育成・強化だけでなく、普及も重要なんです。

大学生はプロに最も近い環境ではありますす。でも、プロではありません。アマチュアであり、教育の一環でもあるのです。それを指導者として忘れないようにしています。チームとして頂点を目指し、多くのプロ選手や日本代表選手を輩出チームになるために強化しながらも、一人でも多くのサッカーファミリーを作っていく。そして、サッカーの輪を広げていく。それが日本代表キャプテンを務め、50年以上サッカーとともに生きてきた私の使命だと感じています。

第 8 章

関係者インタビュー

幸野健一
渡辺孝

FC市川ガナーズ代表

幸野健一

KENICHI KOHNO

1961年東京都出身。中大杉並高校、中央大学卒。7歳よりサッカーを始め、17歳のときにイングランドへ渡りプレミアリーグのチームの下部組織等でプレー。以後、指導者として、世界42カ国の育成機関やスタジアムを回り、世界中に多くのサッカー関係者の人脈をもつ。2014年4月に千葉県市川市に設立されたアーセナル サッカースクール市川の代表に就任。専用の人工芝グランドを所有し、イングランドのアーセナル FC の公式スクールとして活動していたが、2019年4月より FC 市川ガナーズにチーム名が変更。また、小学5年生年代の全国リーグであるプレミアリーグ U-11 の実行委員長として、日本中にリーグ戦文化が根付く活動をライフワークとしている。プレミアリーグ U-11 は、現在では36都道府県で開催し、537チーム、約1万人の選手が年間を通してプレーする日本最大の私設リーグとなっている。

――前田さんとの出会いは?

「14歳の時ですね。元々、鹿島アントラーズ初代監督で、元古河電工の宮本征勝さんと親友で、宮本さんが家によく遊びに来ていたんです。その日もいつもの通り、宮本さんたちと家族で食事に行った際、宮本さんが前田秀樹さんを連れてきたんです。当時大学生で、日本代表に選ばれた直後でした。将来嘱望な選手だということで連れてきてくれて、一緒に食事したのが初めての出会いです。今から47年前ですね」

――長い付き合いですね。

「中学生からしたら、日本代表選手は神様のような存在でした。それからしょっちゅう会いましたね。日本代表の合宿にも遊びに行って可愛がってもらいました。今でも、サッカー関係者の中で一番仲がいいのが前田さんです。僕に一番大きな影響を与えてくれたのは宮本さんですが、同じぐらい前田さんからも大きな影響を受けました」

――現役時代の前田さんはどんなプレーヤーでしたか?

「前田さんが出場した日本代表の試合はすべて見ましたし、国立競技場で行われた日本代表の試合は、この50年間すべて見てきました。前田さんは日本代表時代、GK以外すべてのポジションでプレーしているんですよ。若い頃はDFだったのに、現役最後はFWでした。おそらく、日本代表で唯一、年齢を重ねれば重ねるほど、ポジションを上げていった選手だと思います（笑）。普通は前から後ろに下がってくるんですけど、前田さんは逆でした。特に中盤でプレーする時期が長かったですね。今は『オフザボール』という言い方をしますが、当時はそんな呼び方はされていなくて、ボールがないところでの動きとか、動きのすごさを私は前田さんから学ばせてもらいました。よく『中盤のダイナモ』という表現をされていました。身体は小さいですが、無尽蔵なスタミナでエネルギッシュにピッチを動き回る選手で、ボールのないところでさぼることをしない人でした。オンザボールでうまい選手はたくさんいましたけど、前田さんはオフザボールの動きもうまかった。今よりもポジションを固定されたサッカーをしていた中でそういう動きを自然と身につけていた前田さんはすごいと思います。前田さんは守備もうまいけど、攻撃的なポジションでもプレーできる。プレーするポジションに合わせて、自分に求められていることを正確に理解してプレーができたんです。すごく頭のいい選手だったと思います。おそらく、当時の前田さんなら、今のJリーグでプレーしても活躍すると思いますよ。

ただ、当時は世間的にオンザボールで高い技術を見せる選手が評価され、ポリバレントにいろんなことができる選手はあまり評価されない風潮がありました」

――前田さんからどんな影響を受けましたか？

「まず、80年代は日本サッカーにとって暗黒の時代でした。その中で前田さんは日本のサッカーを盛り上げて、世界との距離を縮めたいという思いを強く持っていました。前田さんと加藤好男(元日本代表GK)と私の3人で日本中を回って、サッカー教室を開催していました。そういった普及活動に力を入れていました。当時から前田さんはサッカーを生涯スポーツとしてこの国に根付かせていかないと、サッカーは文化になっていかないということを言っていました。その考えは私に大きな影響を与えています。日本代表が強くなることは大切ですが、結局、底辺が拡充しない限り、豊かなサッカー文化は根付かないと思います。それはドイツをはじめ、ヨーロッパを見ると、明らかなんです。だからこそ、日本も誰もが生涯にわたってサッカーをやり続けられる環境を整えることが大事だということを言っていたのですが、現実はそのためのハードルはかなり高かった。小学生を怒鳴りまくる監督ばかりでしたし、能力の高い選手しか試合に出さないような仕組みが日本には定着していま

PENALTY
Ginga Brasil

した。それはトーナメント文化が大きく影響していると思っています。そういった仕組みが勝利至上主義を助長させて、結局は各チームの監督は勝たないと評価されないし、いい選手が来てくれなくなるという状況が生まれてしまいました。だから、多くの選手を出場させないといった悪循環に陥って、保護者や試合に出られない選手も『勝負の世界だからしょうがない』という間違った認識を持ち、試合に出られない子は悲痛の声を上げられず、気が付いたら、サッカーを嫌いになってやめてしまうことが当たり前になってしまいました。そういう状況に対して、前田さんも私も嫌悪感を抱いていました。そういうことが変わっていかないと、日本のサッカーは絶対に良くならないし、結果的に強くならないということを、前田さんも私も30〜40年前から言い続けています。前田さんは現場で改革をするために尽力してきましたし、私はクラブを立ち上げて、サッカーを通して子どもたちを幸せにするための環境を作りました。もしかしたら将来プロの選手を輩出するかもしれませんが、それが一番の目的ではありません。ここでサッカーをする人たちを幸せにすることが最大の目的です。そのためにはすべての選手を試合に出すようにしています」

――育成年代では試合経験が必要です。

「年代に分けて考えるべきなんですよ。成長期が終わるまでは平等性を与えないといけない。それが終わる、高校生年代は競争原理が必要になってくる。年代によって変わるものなんです。身体が小さかったり、足が遅かったり、成長期が終わっていないのに、身体が小さいことを理由に試合に出さなかったら、その子はサッカーがつまらなくなってやめてしまいます。15歳ぐらいまでは平等性を出さないといけないと思います。そういう考えが今までの日本のサッカー界にはなかった。小学生から勝負を求められてしまうので」

――なぜ、そうなってしまったのでしょうか?

「日本では1800年代に部活動がスタートしたんです。140年近く前のことですが、その時に武士道の精神も組み込まれました。だから、勝つことのためにスポーツをするようになってしまったのです。しかも、学校で作ってしまった。本来、スポーツはラテン語の『楽しみ』『遊び』という意味のデポルターレから来ている言葉なんですけど、教育に組み込まれて、スポーツが体育になってしまったんです。授業で体育を行って、放課後に部活をする。それが全国民のデフォルトになってしまいました。多くの人はスポーツという言葉を使いますが、そのほとんどが『体育』

の意味で使っているんです。だから、本来なら楽しくなければやらなければいいのに、授業なので休むことができないですし、やらなきゃいけないものになってしまった。なおかつ、成績をつけられるんです。それはもはや『楽しみ』でも『遊び』でもありません。日本で行われているものは体育であり、運動であって、スポーツではないんです。その流れで部活が始まってしまったから、朝練や先輩後輩の関係が当たり前のものとして受け入れられてしまった。そして、練習も長い時間行うことが美徳となってしまった。日本は世界一練習が長いのに、弱いんですよ。いまだに間違っていることが普通に行われていることに驚かされます」

――幸野さんは海外の育成チームに在籍した経験も指導者としての経験もあります。だからこそ、環境の差こそが世界と日本の差だということを痛感されたのですね。

「日本サッカーが世界に追いつくことを求めてきた40年と言えます。自分の息子も10年間年代別の日本代表に選出された経験があります。そして、U－17日本代表にも選出されて、U－17ワールドカップにも出場しました。その大会を現地で見たのですが、あらためて日本の選手は技術的には17歳ぐらいまでは世界のトップクラスに通用することが分かりました。そのワールドカップでブラジル代表と対戦した時、相手のフォワードはネイマールとコウチーニョだったんです。杉本健勇（現・ジュビロ磐田）のゴールで先制するんですが、1対1で迎えた後半にネイマールにゴールを決められてしまいました。だけど、杉本のゴールで追いついたんです。でも、アディショナルタイムにゴールを決められて2対3で負けてしまいました。あの大会での評価はその2人よりも杉本と宇佐美貴史（ガンバ大阪）の方が高いぐらいだったんです。だけど、ネイマールとコウチーニョはその時点で熾烈な競争を勝ちあがってきているのに対して、日本のその年代のトップ選手はスター選手のように特別扱いを受けてしまいました。オンザボールで仕事をすればいいという感じでサッカーをしていたんです。その後、彼らが世界で活躍できなかったのは指導者の責任です。小さい頃から彼らに的確なタスクを与えて、妥協を許さずにプレーさせていたら、ヨーロッパで活躍できていたと思いますよ。世界と日本で練習メニューの内容は変わりません。でも、強度が違うんです。あとはオンとオフ。小学生年代だと1週間にサッカーをやっていい時間は世界の標準時間は300分。ウチのクラブでは平日75分を3回と土曜日に2時間の練習をするだけです。土曜日の午後と日曜日はオフです。『そんなに練習時間が少ないんですか？』とよく言われますけど、ヨーロッパの標準です。その代わり、練習している時間は強度高くやります。逆に言うと、強度を高くすれば、それぐらい休まないと回復しないんです。でも、日本は強度が低いから長時間練習できるんです。世界との差にはすごい秘密があるわけではないんです。日常の中にその答えはあるんです。ヨーロッパでそういうトレーニングをしてきましたから。日常の練習で戦いまくる。それを毎日繰り返すだけなんです」

——幸野さんの経歴を教えてください。

「クリスタルパレスのプロの下のチームに加入しました。今でいう育成年代のカテゴリーに入って、様々な国のチームでプレーしました。その後、指導者の資格を取って、指導もしました。でも、どの国でも、子供たちを含めて幸せな生活を送るためにスポーツを行っていました。日本とはまったく意義が異なりました。理不尽な指導者は少なかったです。ヨーロッパで指導をしてきたので、日本の光景は違和感しかありませんでした。そういう感覚が前田さんと共感したんです。そういう風潮を変えていこうという話をよくしていました」

——今の前田さんの大学での取り組みをどのように見ていますか?

「私が前田さんに伝えたのは、日本の大学のサッカー部のエリートしか入れない仕組みを変えてほしいということです。今までは高校を卒業してからサッカーを続けられるのは、選ばれた選手たちだけでした。サッカー部に入れない選手はサークルなどに入るしかないんです。でも、サークルには指導者がいませんから、そこでサッカーをやめてしまう子が多いのが問題だと思っていました。それなので、大学で監督を務めるならば、誰もがサッカー部に入れるようにした方がいいと伝えたら、『俺もそうするつもりだ』と言ってくれたんです。大学側もグラウンドを3面作ってくれたこともあり、実現してくれています。前田さんはエリートしか続けられない大学サッカーの環境を変えようとしてくれているんです。東京国際大学がすごいのは、すべてのカテゴリーにプロの指導者をつけて、選手たちを育成しているところです。トップだけが強くて、他のチームの指導が行き届いていないのならば、それは絶対にやめた方がいい。全員が自分のカテゴリーの中でしっかりした指導を受けられて、毎週末試合に出られる環境があることが大事なんです。一番下のカテゴリーの選手と話したことがあるんです。その選手に『サッカー、楽しい?』と聞いたら、『高校時代、一度も公式戦に出たことがなかったんです。でも大学に来て、毎週公式戦に出場することができて、初めてサッカー選手らしい生活を送れています。すごく楽しいです!』と言っていました。その言葉がすべてですよ。私が望んでいたことを、前田さんは実現してくれています。さすがです」

――約400人が在籍するサッカー部はないですからね。

「今も2～3カ月に一回ぐらい大学に顔を出していますが、前田さんはすそ野を広げながら、チームを強くしていくことを実現してくれています。私も同様の理念でクラブを運営していますし、小学5年生の全国リーグ『アイリスオーヤマ　プレミアリーグU－11』を作りました。立ち上げたのは2015年。最初は7つの県からスタートして、どんどん広がっていって、2022年では35都道府県が参加して、1万人の選手がプレーする日本最大の小学生年代のリーグ戦となっています。その県のU－11のトップ10を1部リーグとして、2部リーグ、3部リーグを作っています。いまや日本最大のリーグ戦です。昨年は初めて宮城県女川町で各都道府県の優勝チームが集まるチャンピオンシップを開催しました。私は全国大会廃止論者で、全国サッカー少年大会や全国高校サッカー選手権大会を廃止しようという発信をしてきました。そのたびによく叩かれていますけど（笑）。でもヨーロッパや南米に全国大会を行っている国はないんですよ。なぜないのかというと、一部の選手たちにスポットライトを当ててるだけの仕組みだからなんです。全国4000校が参加する大会で、1回戦が終わった時点で2000校がもう試合できなくなってしまう。その次には1000校がいなくなる。そんな仕組みに意味はないと思っています。たった47校の代表校にスポットライトが当たって、100人以上の部員がいる中で登録された約20人しか参加できないんです。ほんの0.01％の選手たちのための大会に私は意味がないと思っています。ヨーロッパや南米に全国大会がない理由はそれです。そういう大会を開催するならば、年間通したリーグ戦を行った方がいい。しかも、ヨーロッパでは能力の高い選手も高くない選手も全員が平等に出場できるようにしているんです。日本の環境とヨーロッパの環境と比べて、どっちが多くの人を幸せにすると思いますか？　それは理想論ではありません。リーグ戦を実施して、多くの選手を試合で使った方が強化されると私は信じています。日本は全国大会に出場するような学校は100人以上部員がいるんですけど、公式戦に登録されるのは50人程度。それ以外の50人は試合に出られないんですよ。その50人も全国から集まってきたエリートなんですよ。それでも、試合に出られない状況は異常ですよ。3年間試合に出られなかった選手はサッカーが嫌いになってしまいます。ほとんどの選手が高校卒業するとサッカーをやめてしまう現実があります。でも、その選手たちが地元の高校に通っていたら、全員レギュラーで試合に出られるんですよ。あまりにも不均衡な仕組みが日本のサッカー界にはびこっている。これをもっと平均化させるためにも、トーナメント戦をやめて、リーグ戦を行った方がいいんです。他の国が普通に行えているのに、日本はなぜ行えないのか。そこをもっと見つめ直すべきだと思います」

——プレミアリーグU−11立ち上げについて教えてください。

「そういう日本サッカーの状況を変えるためにプレミアリーグを発足させました。現在1万人以上が参加してくれるということは、多くの人が共感してくれていると いうことだと受け止めています。トーナメント戦の問題は、負けたら終わりという仕組みだと思っています。1試合の価値を高くしすぎている。全日本少年サッカー大会のある県の決勝戦を見に行った際、決勝点がオウンゴールで決まったんです。オウンゴールした子の親はそっとその場からいなくなりました。そして、その子も12歳で一生消えない傷が心にできてしまったはずです。そんな傷を12歳の子に負わせてはいけないんです。でも、毎年どこかの決勝戦でそういうことが起きているんです。誰かのミスが勝敗を分けているんです。毎年心に傷を負う子どもが出ている。あまりにも1試合の価値が高くなりすぎているから。だからこそ、世界はやらないんです。この年代でそんな試合をさせてはいけないんです。毎年、JFAのテクニカルレポートの6月号には全日本少年サッカー大会のレポートが掲載されるのですが、毎年同じことが書いてあります。大会には約800人の選手が登録されているのですが、予選リーグ3試合で1分も出場しない子が150人ぐらいいるんです。5人に1人は1分も試合に出ていないのです。なぜか毎年同じパーセンテージなんです。全国大会に出場するということで、家族で大会開催地の鹿児島まで応援に行っていると思うんですよ。でも、出場できなかった選手はどういう気持ちでしょうか。その親御さんはどんな気持ちでしょうか。こんなことが毎年毎年起きているんです。むしろ、順位なんてつけずに、全員が試合に出るレギュレーションにして開催してみてはいかがでしょうか。結局、そういうことが世界に追いつけない根本にあると思っています。目の前の勝利に固執して、将来的な大きな勝利を失っているんです。そうやって優秀な選手がサッカーをやめていってしまう状況をサッカー界が作ってしまっているのではないでしょうか。プレミアリーグでもチャンピオンシップとして、都道府県の優勝チームが集まって大会を開催しています。でも、全国少年サッカー大会とは意義が異なるんです。チャンピオンシップは1年間リーグ戦を戦った“おまけ”という位置づけです。どちらかというと、フェスティバル的な意味合いが強い。主役はリーグ戦です。スペインのU-19はリーグ戦の地区優勝チームが集まって、3日間の大会を開催しています。それはおまけみたいなものなんです。私が調べたところ、ヨーロッパで開催される育成年代の全国大会はおそらくその大会だけです」

ですね。

――「育成・強化」と「普及」のバランスを見つめ直さないといけないということ

「結局、全員を出場させることがチームが強くなるんです。能力の低い子のレベルが上がると、日々の練習の強度が上がるんです。うまい子がさらに頑張るようになって、チーム全体のレベルが高まっていく。そして、大事なのは一生サッカーが大好きでいられるようにしてあげることなんです。それが指導者の最大の使命だと私は思っています。昔から前田さんと話してきたことはそういうことです。お互いの道でそれを実現しようとしているんです。他の学校では入部させないようなレベルの学生を東京国際大学は入部させてプレーさせているんです。僕らがやっているようなことは、ある意味地味だから、なかなか世間に認知されないんですよ。だけど、一番大事なことをやっているという信念を持っています。東京国際大学は昨年関東1部リーグで優勝争いをして、5人のJリーガーを輩出しました。『強さ』と『幸福』を両立させていることはすごいですよ。一見、相反するもののように感じるでしょうけど、全員を幸せにすることがチーム強化につながることを私たちは証明しないといけないと思っているんです。幸福を求めて、弱いのでは、誰も認めてくれません。前田さんも私も両方を追い求めていますし、それこそ私が前田さんから学んだこと

です。私にとってはすごく偉大な先輩です」

――幸野さんが代表として運営するFC市川ガナーズの取り組みについて教えてください。

「初心者の子ども向けスクールから高校までチームがありますし、たくさんの子どもが毎日集まります。今はトップチームに力を入れ始めています。私が全国を飛び回って、選手を探してきています。選手寮がありますし、スポンサー企業で働いてもらって、4年後のJリーグ入りを目指して舟は出航しています。まずグラウンドを作り、地に足をつけて、育成を整備した上でトップチームを作りました。今、関東ではJリーグ入りを目指す様々な地域リーグクラブが勃興してきていますが、そのほとんどがトップチーム主体のクラブづくりをしているので、我々と目的が異なるように感じています。イングランドでは7部だろうが、8部だろうが、サッカークラブには必ずグラウンドとクラブハウスがあります。それが当たり前の姿。だからこそ、私は育成型のクラブとして8年前にグラウンドを作りました。トップチームはショートケーキの最後のイチゴを乗せるイメージで2年前に作りました。トップチームと育成のどちらが大事かというと、育成だと思っています。クラブはグラウンドがあって、クラブハウスがあって、そこに集まる子どもたちが風土を作り出すんです。最後にトップチームの選手たちが来て、一体化する。私はそれが正しいやり方だと信じています。トップチームだけを作るのではなく、全カテゴリーのアカデミーを作る。そういうプロセスをしっかり踏まえてクラブを作っているつもりです。このクラブは300人の選手を抱えています。いろんなカテゴリーがあって、レギュラーもサブもいます。でも、サブの選手にも『市川に来てよかった』と言わせられなかったら、私の負けだと思っています。常に選手たちの満足度を上げることを常に考えています。前田さんと同じように、みんなを幸せにするためにどうするかを常に考えていきます。幸せにできる人数が多ければ多いほどいいわけですけど、逆に人数が多いとマネジメントが難しくなる。それを両立させようとしています」

栃木県佐野市サッカー協会　副会長

渡辺 孝

TAKASHI WATANABE

1954年栃木県矢板市出身。矢板東高校卒業後、神奈川大学に進学。1978年に公立小中学校事務職員に。1981年4月に佐野市に転居。栃木県で最もサッカーの普及が遅れていた佐野市で普及活動に着手。多くのチーム設立に携わる。栃木県少年サッカー連盟理事、安足少年サッカー連盟会長を歴任し、少年サッカー普及発展に尽力してきた。

――前田秀樹さんとの出会いについて教えてください。

「普及と強化を目的に、1995年に佐野市で元選手を呼んで毎年10回サッカー教室を開催することとなったんです。最初にコーチとして来てくれたのが元古河電工の池田誠剛さんでした。毎年継続してお願いしようと思っていたのですが、次の年からフィジカルコーチに専念するということで辞退されることとなり、代わりに紹介していただいたのが、前田秀樹さんだったんです。正直なところ、驚きましたよ。前田秀樹さんは日本代表キャプテンを務めていた有名人でしたから。それが出会うきっかでした。最初は小学生と中学生の指導をお願いしたのですが、のちに高校生もお願いすることとなりました」

――当時の佐野市はそんなにサッカーが盛んではなかったんですよね？

「そうです。サッカーの普及が栃木県内で最も遅れている地区と言われていました」

――前田さんが来るようになって、どういった変化がありましたか？

「前田さんのトレーニングは本当に素晴らしかった。メニューがすごく工夫されていて、サッカーを楽しめるようになっていました。だから、子供たちも楽しみながら、練習に取り組むことができていました。どうしても練習はつらいものというイメージが当時は特に強くあったのですが、そういった印象を変えたと思います。子どもたちの能力に合わせたカリキュラムを準備して指導をしていただきました。本当に一流の指導者だと思いましたね。最後のゲーム形式のメニューでは、必ず前田さんが入って、技術の高さを披露していました。子どもたちは驚いていましたよ。特にキックの正確さは子どもたちだけでなく、周りの大人たちも見とれていました。さすが日本代表キャプテンと思わされましたね。1996年から7年間、佐野市に来て指導を続けてくれました。その後は公文裕明さんや戸倉健一郎さんなど、今も元プロ選手に来ていただき、サッカー教室を続けています。前田さんはその礎を築いてくれました」

——当時、前田さんはどんな反応でしたか?

「面白いと思ってくれていたと思います。佐野はサッカー普及後進地区でしたけど、協会として、強化と普及に力を入れ始めていたので、可能性を感じてくれていたのではないでしょうか？　サッカー教室後の懇親会ではいつも熱くサッカーを語っていらっしゃいました。やりがいを感じてくれていたんじゃないかと思っています」

――前田さんの蒔いた種の成果は出ていますか？

「サッカー教室を継続してきた成果は普及・強化の両面で生き続けています。現在は小学1・2・3年生男女と中体連の選手対象に年8回実施しています。サッカー未体験の子どもたちがサッカーに触れる機会になっています。続けてきてよかったと思っています」

――子どもたちの指導だけでなく、指導者の指導も行っていたとのことですが。

「指導は行ってはいませんが、前田さんが行う練習を見に来てもらっていました。前田さんがどういう練習をしているのかを指導者に見てもらいたかったんです。良い選手を育てるためにも、指導者のレベルを上げないといけません。そういう意味でも、素晴らしい機会になったと思っています」

――佐野市のサッカーのレベルは上がりましたか？

「上がりましたね。最近、全国高校サッカー選手権大会に栃木県代表として、佐野日大高校が出場することが増えました。県外からも選手を集めているのですが、毎年メンバーに佐野市出身の選手がいますし、今年全国高校サッカー選手権大会に出場したチームのキャプテンは佐野市出身の選手でした。この地域のレベルが上がっている証拠だと思っています。また、今年の4月で高校2年生になる小竹知恩選手はご存じでしょうか？　現在、清水エスパルスユースに所属していて、U－16日本代表にも選出されている選手です。彼は佐野市出身で、中学まで佐野でプレーしていたんです。今年のシーズンオフにはトップチームのキャンプに帯同していたそうです。そういう選手も出てきています」

――サッカーを取り巻く環境も良くなっているみたいですね。

「毎年市内のほとんどの保育園・幼稚園に1つサッカーボールの寄贈を続けています。単発で行うことは簡単ですけど、継続して行うのが難しいのです。地道に普及を続けていくことに意義があると考えています。また、昨年からスタートさせたのが、園児のキンダー大会です。環境的にはすごく良くなっていて、ソサイチができるフットサル場、フルピッチの人工芝グラウンドが2面できました。そのうちの1面はナイター設備もあるので、多くの人に利用されています」

――あらためて、佐野市のサッカーにおいて、前田秀樹はどんな存在ですか？

「佐野市サッカー協会では、毎年優秀な選手を表彰しているのですが、その賞を『前田秀樹賞』と名付けたんです。第1回は2000年に実施され、今も毎年続いています。先ほど話した小竹君も昨年前田秀樹賞を受賞しました。そういう名前の賞が作られるぐらい、我々にとって大き

佐野市サッカー協会では毎年優秀な選手に「前田秀樹賞」を贈っている

な存在です。サッカー普及後進地区と呼ばれていた佐野市のお願いを聞いていただいて、7年間も指導を続けてくれました。そして、その後もずっと交流を続けてもらっています。佐野市のサッカーはこれからさらに発展させていくつもりですが、その基礎作りに大きく貢献していただきました。これからもつながりを持ち続けて、支えてもらいたいと思っています。本当によくぞこんなに深く、長く、佐野市とお付き合いしていただいたなという感謝の思いでいっぱいです。サッカーの素晴らしさと楽しさを子どもたちに伝えるのが指導者の役割であるという前田さんの教えをこれからも守っていきたいと思っています。」

——これからの前田さんに期待することは？

「大学で日本サッカーのために頑張ってもらいたいですね。将来、日本代表に選ばれるような選手を育てることや関東大学1部リーグで優勝することを期待していますが、それだけではなく、集まってくる多くの部員を幸せにしてサッカーの輪を広げてもらいたいと思います。前田さんは『強化』と『普及』の両方を大切にする素晴らしいサッカー指導者です。ぜひ、大学でさらに手腕を発揮してもらいたいと思っています。それと、日本サッカー協会の殿堂に入ってもらいたいですね。選手としても、指導者としても、日本サッカーに大きな貢献をしてきていますので。現役時代は日本代表のキャプテンとして活躍して、現役引退後はジュニア年代からプロまですべてのカテゴリーで指導を行って、多くの人材を育ててきました。前田さんが選ばれないのはおかしいと思います。だから、『前田秀樹さんの日本サッカー協会殿堂入りを願う会』を発足させることを冗談抜きで考えているところです。それだけの価値がある人だと思っています。少なくとも、今の佐野市のサッカーがあるのは前田さんのおかげです。ペレやマラドーナと対戦した経験を様々な地域に還元してくれているんですから。もっと評価されていい人だと私は思っています」

あとがき

「勝利」と「幸福」を追い求めてきた15年間。
東京国際大学の監督を務めてからの日々をそう表現することができると思います。けれどもそれは私一人の力で追い求めることはできませんでした。本当に多くの人の支えがあって、これまで記してきたことを体現することができたのです。

まず、感謝を申し上げたいのが、大学サッカー関係者のみなさんです。「まえがき」に記したように、大学サッカーで育つ選手のレベルが上がっており、日本サッカーにおける重要な育成機関として注目されるようになっています。それは、これまで大学サッカーに携わった方々の成果以外の何物でもありません。

大学サッカー部の監督に就任して15年経ちますが、大学サッカー部の指導者のレベルの向上には驚かされています。どのチームも個性があり、最新の戦術などを採り入れているチームも多く、対戦した際に学ばせていただくことも多いです。勉強熱心な指導者たちの努力が、若い選手たちの才能を磨き上げているのです。それを日々感じることができています。こうして、いろんな指導者たちと切磋琢磨できる環境を私は素晴らしいと思っていますし、幸せに感じています。

また、学連を含めて、リーグを運営するために活動していただいているみなさんがいるから、我々はサッカーをすることができています。トップチームの公式戦だけでなく、トップチーム以外の選手が出場できるIリーグ（インデペンデンスリーグ）も運営していただいていることによって、我々は多くの部員に試合経験を積ませることができています。大学で監督を務めるようになって、あらためて日本サッカーはそういった方々に支えられているということを確認することができました。

そうした大学サッカーの土壌を作るために先頭に立って尽力されてきた全日本大学サッカー連盟元理事長の大澤英雄さん、現在の理事長である中野雄二さんにもこの場を借りて感謝の思いを伝えさせていただきたいと思います。

そして、倉田信靖理事長に対する感謝の念を忘れたことはありません。15年前、この大学に誘っていただいたことが私の人生を変えたと言っても過言ではありません。また、私の考えや信念をこの大学で体現できているのは、倉田理事長がスポーツの価値や意義に深い理解を示し、最高の環境を整えていただいたからにほかなりません。

「なぜ勝利が大事なのか？」

以前、倉田理事長からそう問われたことがありました。

私は

「勝利するために技術やメンタルを高めるプロセスが重要です。それがきっと人間的な成長を促すはずです」

と、答えました。

「もちろん、それもあります」

倉田理事長はそうおっしゃられた後、自身の考えをこう述べてくださいました。

「東京国際大学が勝利することによって、他の大学が強くなり、それが日本サッカーのレベルを向上させることにつながる」

つまり、我々のような大学サッカーにおける〝新参者〟が台頭することは他の大学の刺激となり、大学サッカー全体のレベルアップにつながるというのです。

自分たちの勝利だけでなく、常に「全体」のことを考えている理事長の「心の大きさ」に驚きました。まさに「勝利」と「幸福」を求めてきた私の考えと合致したのです。

東京国際大学は、「公徳心を体した真の国際人の養成」を建学の精神としています。「公徳心」とは、「人類の普遍的な価値観に立ち、公のために貢献する心」だと倉田理事長から教えていただきました。グローバル化が進む社会において、国境を越えた交流が今後さらに増えていくことでしょう。地域や時代が変われば、常識や考え方も変わります。そうした中、文化や宗教、民族などあらゆる垣根を越えた普遍性を示す公徳心を持つ人材が求められているのです。

我々が指導するのはサッカーだけではありません。サッカー部に所属するすべての学生にそうした心を身につけてもらうための指導を行ってきたつもりです。この大学で指導を続ける限り、その考えが変わることはないでしょう。

時代遅れの私が何を言っているのだと思う方々がいらっしゃるとは思いますが、敢えてこの本を出版させて頂きました。子供の頃好きで始めたサッカーが、いつの間にか嫌いでやめてしまうことがないように指導者は考えていかなければならない。

サッカーも時代とともに技術面・環境面が変わり世界でも注目されるようになりました。

ひとつだけ昔も今も変わらないものは「サッカーに関わる人たちの情熱」です。

東京国際大学サッカー部OB

2023年度卒

落合　陸（柏レイソル）
師岡柊生（鹿島アントラーズ）
佐川洸介（東京ヴェルディ）
山原康太郎（藤枝MYFC）
林祥太郎（FC岐阜）

2020年度卒

上野賢人（SC相模原 → VONDS市原FC → 品川CC<2022>）

2019年度卒

町田ブライト（FC岐阜<2020-2021>）
音泉翔眞（Y.S.C.C. 横浜 → カターレ富山 → 水戸ホーリーホック
→ AC長野パルセイロ）

2018年度卒

楠本卓海（レノファ山口 → 水戸ホーリーホック）
川上翔平（福島ユナイテッド → 東京ユナイテッドFC → 市川SC
→ ナコーンメーソート・ユナイテッドFC<タイ>）
進　昂平（Y.S.C.C. 横浜 → ザスパクサツ群馬 → 愛媛FC → AC長野パルセイロ）
安東　輝（テゲバジャーロ宮崎 → 東京ユナイテッドFC → ジョイフル本田つくばFC
→ 栃木シティFC → AC長野パルセイロ）
古島圭人（Y.S.C.C. 横浜 → 東京ユナイテッドFC → 東京武蔵野ユナイテッドFC）
※2021 年現役引退
古川雅人（SC相模原 → エリース東京）　※2022 年現役引退

2015年度卒

才藤龍治（FC琉球 → カターレ富山 → SC相模原 → ブラウブリッツ秋田）

2014年度卒

阿部正紀（FC岐阜 → エリース東京 → FCマルヤス岡崎 → エリース東京<2022>）
川島　將（栃木ウーヴァFC → ザスパクサツ群馬 → 藤枝MYFC
→ ザスパクサツ群馬 → 藤枝 MYFC → ギラヴァンツ北九州
→ 藤枝MYFC）

2013年度卒

富居大樹（ザスパクサツ群馬 → モンテディオ山形 → 湘南ベルマーレ）

（※所属は2023年3月時点）

著者 PROFILE

前田秀樹（まえだ・ひでき）

東京国際大学サッカー部監督

1954年生まれ。京都府出身。小学校からサッカーを始め、京都商業高校（現在の京都先端科学大学付属高校）で国体京都府代表に選出された。その後、法政大学に進学し、関東大学リーグ、大学選手権の優勝を経験。その活躍から大学在学中に日本代表に抜擢される。卒業後に名門・古河電工に入社し中心選手として活躍。1981年、82年にはJFLベストイレブンを受賞。日本リーグ209試合出場35得点、日本代表国際Aマッチ65試合出場11ゴールを記録。1980年代前半の日本代表で主将を務め、W杯予選や五輪予選など数多くの国際マッチに出場。引退後は、ジェフユナイテッド市原、川崎フロンターレの育成を指導しながらサッカー解説者としても活躍。2003年より5年間は、J2水戸ホーリーホックの監督を務めた。2008年より東京国際大学サッカー部監督を務める。

6年間でタイトル10個、
プロ50人以上輩出。
明治大サッカー部監督栗田大輔の
結果を出し続ける組織マネジメント論

『明治発、世界へ！』
明治大学サッカー部監督
栗田大輔
四六判並製208ページ／定価：1,760円（10% 税込）

高校部活とユースを知る、
元Ｊリーグ監督
他に類を見ない異色の経歴の持ち主・
吉永一明の指導論とは？

『異色の指導者 ユース、高校、Jを率いて極めた育成メソッド』
アルビレックス新潟シンガポール監督
吉永一明
四六判並製224ページ／定価：1,760円（10% 税込）

人気戦術分析ブログ『鳥の眼』の筆者による
各フォーメーションにおける戦い方の
「教科書」と呼ぶに相応しい
15チームの戦術メカニズムを徹底解剖！

『TACTICS VIEW 鳥の眼で観る一流サッカーチームの戦術事例』
とんとん
四六判並製304ページ／定価：1,760円（10% 税込）

東京国際大学式
『勝利』と『幸福』を求める
チーム強化論

二〇二三年四月一日初版第一刷発行

著　者：前田秀樹
発行人：後藤明信
発行所：株式会社　竹書房
〒一〇二-〇〇七五
東京都千代田区三番町八番地一
三番町東急ビル六階
E-mail　info@takeshobo.co.jp
URL　http://www.takeshobo.co.jp

印刷所：共同印刷株式会社